경매로 짜는
**생애주기별
재테크
전 략**

경매로 짜는
생애주기별 재테크 전략

부동산 트레이너 **백승혜** 지음

지지옥션

프롤로그

경매이론서는 많다. 입찰 경험이 많은 고수가 쓴 책에서부터 법대 출신으로 민법에 기반을 둔 권리분석의 고수가 쓴 책, 그리고 유치권, 법정지상권, NPL(Non Performing Loan, 부실채권) 등 특수물건을 다룬 책에 이르기까지…….

필자는 2009년에 경매를 처음 시작하여 경력이 11년 남짓 되었으니, 경매 경력만 놓고 보면 책을 쓸 정도의 전문가는 아니다. 그럼에도 입문한 지 4년 만에 경매학원 원장이 되고, 두 권의 책을 쓰고, 활발하게 강의와 컨설팅을 하게 된 데에는 분명한 이유가 있을 것이다. 물론 인테리어 경력 22년 차에서 비롯된 경험과 감각도 영향을 미쳤겠지만, 다른 이들과의 차별화 포인트는 바로 '권리분석'이 아닌 '가치분석'에 더 집중하고, '물건'이 아닌 '입찰자'에게 더 많은 관심을 기울였다는 점이 아닐까 싶다.

실제로 경매 강의가 끝나고 나면 많은 수강생이 고민에 빠진다. 수많은 경매물건 중에서 어떤 물건을 검토해야 할지 모르겠다는 것이다. 매년 많은 사람이 경매를 배우고 경매 투자를 시작한다. 그러나 무엇을 사야 할지, 자신에게 맞는 부동산 상품이 무엇인지 아는 사람은 드물다. 화장품 하나도 먼저 피부 상태를 진단받고 그에 맞는 상품을 구입하는 시대에, 자신의 재정 상태에 비추어 올바른 투자 방향은 어떠해야 하는지 모르는 상태에서 투자하는 이가 대부분이라는 얘기다.

소비자의 눈높이가 올라가면서 업종을 불문하고 서비스의 질은 매우 높아졌다. 그런데 정작 고객이 보유한 재산과 재정 상태를 분석하여 그에 부합하는 투자 방향에 대해 조언해 주는 서비스는 왜 소비자의 눈높이에 미치지 못하는 것일까? 이는 고객을 공부시킬 필요가 없기 때문이다. 즉 부동산 시장의 속성까지 자세하게 알려줄 필요는 없으므로, 단지 부동산 구입에 필요한 정도만 가르쳐 주는 데서 그친다. 부동산 상품이 어떻게 만들어지고, 그러한 상품을 개발한 목적이 무엇이고, 어떻게 수익을 내는지 속속들이 알게 되면 상품을 만드는 사람들은 돈을 벌지 못할 것이기 때문이다.

부동산 상품을 만드는 사람들과 그것을 판매하는 시장 시스템 속에서 소비자인 나는 어떻게 해야 현명한 투자를 하고, 궁극적으로 나에게 이득이 되도록 할 수 있을까? '돈이 되는 물건'이 정답일까? 맞다. 그러나 '나에게 맞는 물건'인가라는 요건도 충족되어야 한다. 돈이 되는 물건이 꼭 나에게 맞는 물건은 아닐 수 있기 때문이다.

이 책은 경매 부동산이 아닌 입찰자로부터 출발한다. 사람마다 자금 상황이 다르고, 구입해야 하는 물건도 다르다. 그런데도 사람에 맞추지 않고 물건에만 집중하는 경우가 대부분이다. 독자들이 자신에게 맞는 투자 방침과 투자 전략을 세우길 바라는 마음에서, 필자만의 경험과 노하우를 집대성한 생애주기별 경매 전략을 풀어보고자 한다.

CONTENTS

프롤로그 **004**

01 CHAPTER
브라보, 내 인생

재테크에도 '때'가 있다 **010**
삶에서 배우는 5가지 재테크 포인트 **013**
10년 부동산 시장 사이클 **017**
부동산 사이클은 왜 발생하고, 반복될까 **019**
부동산 구입 방법에 따른 3개의 시장 **022**
제3의 부동산 구입 방법 = 경매 **024**

02 CHAPTER
인생의 봄

유년기~20대를 위한 경매 전략

자녀에게 물려주어야 할 유산 **028**
유년기 부동산 재테크 전략 **031**
부동산 재테크의 첫걸음 = 토지 **033**
자녀와 함께 하는 나무 재테크 **038**
토지의 수익 다각화_6차 산업 **039**
20대 부동산 재테크 전략 **043**
서울에 '토지 나무'를 심자 **044**
오피스텔 투자는 분양 말고 경매로 **053**
오피스텔로 월급 통장 만들기 **058**
공매는 20대에 마스터하자 **063**
명품 가방 사러 가자_물품 공매 **072**
경매로 보는 세상 1 '자동차 자원순환센터'라 불러다오 **085**

CHAPTER 03 인생의 여름

30~40대를 위한 경매 전략

- 30~40대 부동산 재테크 전략 **088**
- 내 집 마련_최고의 재테크 전략 **089**
- 경매로 내 집 마련을 위한 대출 지식 **093**
- 아파트 낙찰가에 대한 오해 **096**
- 입찰가에 영향을 끼치는 전세가 **101**
- 경매로 창업하자 **110**
- C급 상권의 반란_아파트 단지 내 상가 **115**
- 보증금으로 상가 낙찰받기 **118**
- 월세 낼 돈으로 내 상가 대출이자 내자 **127**
- 경매를 당하는 임차인에서 상가 소유자로 **137**
- 주거시설이 멋진 카페로 변신 **144**

CHAPTER 04 인생의 가을

50대를 위한 경매 전략

- 50대 부동산 재테크 전략 **152**
- 월급을 대체할 파이프라인 구축하기 **154**
- 상가 낙찰로 월급 통장 만들기 **157**
- 모두의 로망_꼬마빌딩 **166**
- 꼬마빌딩 낙찰받아 생활비 통장 만들기 **168**
- 노후를 위한 두 번째 집_전원주택 & 세컨드 하우스 **174**
- 볼품없는 농가주택 낙찰받아 개조해서 이룬 꿈 **177**

CHAPTER 05 인생의 겨울

60~100세를 위한 경매 전략

- 60~100세 부동산 재테크 전략 **192**
- 인생의 겨울을 준비하기 위한 기본 원칙 **192**
- 은퇴자를 위한 연금 전략 Ⅰ_주택연금 **195**
- 은퇴자를 위한 연금 전략 Ⅱ_농지연금 **204**
- 경매로 보는 세상 2 | 초고가 아파트까지 빨아들이는 '문전성수' **217**

에필로그 218

01 재테크에도 '때'가 있다

인생 경험이 어느 정도 쌓인 사람들을 만나면 자주 듣게 되는 말이 있다. 수강생들끼리도 어느 정도 친해지고 나면 으레 비슷한 말이 오간다.

"내가 지금 아는 걸 예전에 알았더라면……."

생각해 보자. 초등학교를 시작으로 대학교까지, 대한민국 국민의 상당수가 정규교육을 받는 18년 동안 돈, 부동산, 사회, 결혼, 육아에 대해서 배우는 시간이 얼마나 될까? 살아가는 데 정말 필요한 것들은 학교에서 배우지 못한 채 사회에 나와 스스로 부딪히며 겪고 나서야 알게 된다. 준비 없이 맞이하다 보니 좌충우돌, 시행착오를 피할 길이 없다. 그래서 늘 지나고 나면 아쉬움이 남는다.

많은 이들이 부동산을 구입하기 전에, 혹은 검토하는 과정에서 부동산 지식이 많거나 재테크에 성공한 사람에게 물어본다. 본인보다는 부동산에 대한 지식과 경험이 많으니, 자신의 생각이나 판단에 대해 확인받고 싶은 것이다. 그래서 본인의 구매 판단이 맞는지, 이 물건을 사야 할지 말아야 할지 등에 대해 조언을 구한다. '부동산 가치'에 대한 판단이 부족하기에 도움을 받으려는 것인데, 냉정하게 말해서 그것을 확인하기란 별로 어렵지 않다. 인터넷에 엄청난 정보가 흐르다 못해 넘쳐나기 때문이다. 문제는 정작 중요한 질문이 빠졌다는 것이다.

드라마 〈대장금〉에서 스승인 한 상궁이 어린 장금이에게 매일 아침 물을 가져오라고 한다. 장금이는 찬물, 더운물, 설탕물, 숭늉 등을 가져가지만, 한 상궁은 번번이 고개를 저으며 다음 날 아침 다시 가져오라고만 한다. 숱한 반복 끝에 장금이는 생전에 어머니가 자신을 보살피던 모습을 떠올리고는 몸은 어떠한지, 변은 보았는지, 목이 아프진 않은지 등을 묻는다. 대답을 듣고 장금이가 가져온 소금을 넣은 미지근한 물을 마시며 한 상궁은 마침내 환한 미소를 짓는다. 그녀는 물도 그릇에 담기면 음식임을 알려주고 싶었다고 말한다. 즉 '물을 먹는 사람의 상황을 고려해야 한다는 점'을 확실하게 가르치고자 했던 것이다.

다시 부동산으로 돌아와 보자. 세상에는 수많은 부동산이 있으며 위치, 가격, 종류 등 특성도 다양하다. 부동산은 구매는 쉬우나 매각까지는 다소 시간이 걸리는, 환금성이 높지 않은 상품이기에 시류를 잘 타면 필요해서 샀을 뿐인데 엄청난 매각 차익을 얻기도 한다. 그런데 이상하게도 '나'는 매번 시기가 맞지 않아 어려움을 겪는다. 여기서 '나'는 대부분의 사람을 의미한다. 타인의 무용담에 가까운 성공담을 듣다 보면 '때'라는 것이 있음을 알게 된다. 여기서 주목해야 하는 것이 바로 '때'다. 이제부터 우리는 부동산 재테크에서 '때'라는 요소에 주목하고, 좀 더 멋진 표현으로 '생애주기별 재테크'라고 부르기로 한다.

시간은 사람이 태어나서 죽을 때까지 모두에게 주어지는 선물이다. 유엔은 2009년에 발표한 『세계 인구 고령화 보고서』에서 '호모 헌드레드', 즉 의학의 발달로 수명이 늘어 인간의 평균수명이 100세에 수렴하는 시대가 올 것으로 전망했다. 우리나라의 경우 2018년 기준 평균 기대수명이 83.3세로, 대부분의 사람에게 최소한 80년 이상 주어진 셈이다. 그 80년을 어떻게 사용하느냐에 따라 인생이 달라진다는 것을 모르는 사람은 없을 것이다. 그래서 모두가 자기 자리에서 최선을 다한다.

문제는 그럼 모든 사람이 성공해야 하는데 그렇지 않다는 것이다. 물론 개인의 능력 차가 있다 보니 인생의 성적표는 저마다 다를 수 있지만, 부동산은 개인의 능력이 별로 중요하지 않다. 개인의 능력보다는 '때'가 더 크게 작용하기 때문이다. 자신의 라이프사이클에 맞게 어느 시점에서 어떤 부동산을 구입하느냐에 따라 수년 뒤에는 결과가 크게 달라져 있을 수 있다.

유행하는 다이어트 비법과 족집게 연애 상담이 이상하게도 자신과 잘 맞아떨어지지 않는 건 개인마다 처한 상황과 체질이 다르기 때문이다. 바로 이 자신의 상황과 체질을 파악하는 것이 정말 중요하다. 최근 뜨는 투자 방법이라도 나에게는 얼마든지 맞지 않을 수 있는 것이다. 투자는 '케이스 바이 케이스', 즉 각자의 라이프사이클과 상황이 모두 다를 수 있으므로, 이 책에서는 모든 사람에게 적용될 수 있는 기본 원칙에 대해서만 다루고자 한다.

이 책은 태어나서 죽을 때까지의 전 생애를 크게 4개의 주기로 나누고, 그에 맞는 경매 전략을 제시하고자 한다. 자신의 연령대에 해당하는 전략을 체크하는 것도 의미가 있지만, 아직 경험하지 못한 연령대의 생애주기별 특징을 살펴봄으로써 앞으로 다가올 시기의 부동산 투자 전략을 미리 준비할 수도 있다. 또한 실수요자가 아닌 투자자로서 부동산의 큰 흐름에 적절하게 올라탈 수 있는 시야를 마련하는 계기도 될 것이다.

02 삶에서 배우는 5가지 재테크 포인트

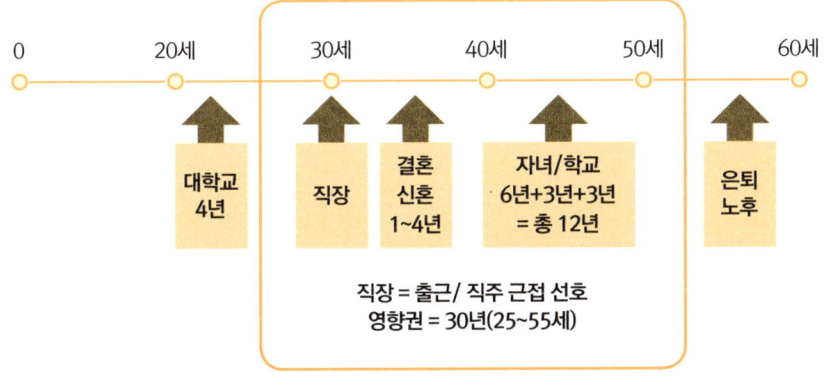

▌ 삶에서 경험하는 부동산 거래 경험 ▌

  우리의 부모 세대는 지금보다 재테크에 대한 지식도, 관심도 적었다. 결혼하면서 자연스럽게 집을 마련하고, 자녀수가 늘면 더 넓은 집으로 이사하고, 자녀 교육을 위해 동네를 옮기고, 소득이 증가하자 직장과 가까운 곳으로 이사했다. 그렇게 삶의 변화에 따라 주거를 옮겼을 뿐인데 자산 증가를 경험했다. 우리가 이처럼 생애주기에 따른 변화를 인지하면서 부동산을 접목하면 시간과 노력을 최소화하면서도 재테크 성과를 극대화할 수 있다. 다만 얼핏 보면 너무 당연한 얘기라서 새롭게 와 닿지 않을 수도 있으니 한번 정리해 보자.

■ **첫 번째 시점: 학교 & 독립**

대학에 입학하면 학교 위치에 따라 생애 처음으로 부모와 따로 거주하게 되기도 한다. 한편으로는 통학 거리에 상관없이 20대에 독립하는 경우도 늘고 있어, 20대에 1인이 거주 가능한 주택의 수요가 늘어난다. 이 시기에는 월세로 집을 구하는 경우가 많아서 부동산에 눈을 뜨기가 어렵다. 이들을 타깃으로 한 공급자의 입장에서 월세 상품에 대한 요구가 많다. 원룸, 빌라, 오피스텔, 도시형생활주택 등이 여기에 해당한다. 이 시점부터 부동산에 관심을 갖는 것이 정말 중요하다.

■ **두 번째 시점: 직장**

사회생활을 시작하면서 직장과 가까운 곳으로 이사하는 경우가 많다. '직장'은 이르면 20대부터 늦게는 60대까지, 부동산 선택에서 가장 오랫동안 영향을 끼치는 중요한 요인이다. 출퇴근 시간을 최대한 줄여주는 '직주 근접'은 모든 직장인의 공통된 희망일 것이다. 도심 지역은 땅값이 비싸므로 소득이 높을수록 도심지에 머물고, 소득이 낮을수록 도시 외곽으로 나가게 된다.

길게는 40년 동안 사람들의 삶을 좌지우지하는 '직장 & 집'의 요구를 충족하는 부동산을 찾는 것이 핵심 포인트다. 주요 핵심 일자리로 출퇴근이 가능한 지하철 역세권 아파트를 검토해야 한다.

■ **세 번째 시점: 결혼**

예전보다 결혼하는 나이가 점점 더 늦어지고 비혼을 선택하는 사람들도 많지만 예나 지금이나 결혼은 중요한 인륜지대사이다. 그렇다 보니 신혼집에 대한 로망은 여전히 살아 있고, 사람에 따라 처음으로 개인 공간을 갖는 계기가 되기도 한다. 아쉽게도 대부분의 사람들은 이 시점부터 비로소 부동산에 관심을 갖고, 부동산을 구매하는 '소유자' 위치에 서게 된다. 이 때문에 결혼을 먼저 한 친구와 결혼이 늦은 친구 사이에 재산 규모가 크게 벌어지는 상황이 심심찮게 일어난다.

■ 네 번째 시점: 자녀의 학교

자녀가 학교를 다니는 기간은 초등학교 6년 + 중학교 3년 + 고등학교 3년, 총 12년이다. 2021년부터는 고등학교도 의무교육에 포함되므로, 살면서 좋든 싫든 12년 동안은 자녀의 학교에 영향을 받을 수밖에 없다. 이 기간에는 '학군'이 부동산 선택의 우선순위가 되는 경우가 많다. 그래서 '초품아(초등학교를 품은 아파트)'라는 말이 생기는가 하면, 대치동은 지금도 연말이면 학군 때문에 전입하려는 수요와 교육이 끝나 전출하려는 사람들의 거래가 활발하다.

시간이 흐를수록 학생 인구가 줄고, 교육의 온라인화로 학군에 대한 이슈가 점점 흐려질 수는 있다. 그러나 생애주기상 인생에서 12년을 차지하는 자녀의 학교는 직장 다음으로 오랜 시간 영향을 미치는 주요 키워드임이 분명하다. 부모들이 관심을 갖는 학군과 관련된 아파트에 다른 세대도 관심을 가져야 한다. 그들의 요구에 따라 부동산의 가치가 변화할 것이기 때문이다.

■ 다섯 번째 시점: 은퇴

자녀 교육이 끝나고 결혼, 유학 등의 이유로 가족 구성원이 줄면 주거 공간에도 변화가 생기게 마련이다. 보다 작은 주거 공간으로 옮기는 '다운사이징'이 일어나는 시기도 대부분 이때다. 1955~63년에 태어난 약 710만 명의 1차 베이비붐 세대가 다운사이징을 시작하는 시장은 아직 본격적으로 오지 않았다. 앞으로 이 요인에 관심을 갖고 그들이 어떻게 움직일지 더 집중해서 파악해야 부동산 시장의 큰 파도에 함께 올라탈 수 있다. 서울 빌라의 재발견, 전원주택이나 실버주택 등에 대한 검토가 필요하다. 또한 생활비 확보를 위한 수익형 부동산에 대한 수요가 전보다 늘어날 것으로 보여, 이에 대한 투자 전략도 필요하다.

살면서 주거 공간에 변화를 가져오는 주요인 5가지를 살펴보았다. 그중에서도 가장 강력하고 긴 시간 동안 영향을 끼치는 것이 바로 '직장'이다. 인생의 절반이 '직장'의 영향하에 있다는 간단한 인식만으로도 부동산에 대한 판단 기준이 달라질 수 있다. 아무리 부동산에 관심 없는 사람이라도 위의 5가지 상황이 되었을 때 부동산을 함께 고려하길 바라며, 다음 장부터 각 생애주기별로 더 자세히 살펴봐야 할 요소들을 체크해보기로 하자.

부동산에 관심이 있든 없든 위의 5가지의 상황이 발생하면 간접적으로라도 부동산을 경험하게 된다. '임차인'에서 '소유자'로 전환하는 시점이 바로 내 집 마련에 대한 욕구가 처음으로 발생하는 신혼 때다. 20대에도 학교나 직장 등으로 부동산을 경험하긴 하지만, 월세로 거주하는 경우가 많기 때문이다.

  부동산 투자를 잘할 수 있는 방법 두 가지만 꼽는다면 바로 이것이다. 첫째, 다른 이들의 생애주기별 요구를 알고 움직일 것, 둘째, 남들보다 빨리 부동산에 관심을 가질 것. 최근 20~30대가 아파트 구입에 몰리는 현상을 두고 우려하는 목소리가 높은데, 필자는 이 현상을 아주 긍정적으로 본다. 과거보다 소유자가 되는 시기가 빨라진다는 것은 부동산 재테크에 대한 인식의 저변이 넓어지고 있다는 방증이기 때문이다. 입학, 취업, 결혼, 출산, 은퇴가 부동산 시장 전반을 흔드는 주요인이며, 이를 주도하는 세대의 요구를 파악하는 것이 부동산 투자의 근본임을 반드시 기억하자.

03 10년 부동산 시장 사이클

앞서 살펴본 개인의 라이프사이클을 모두 이해하고 있다면 모든 사람이 부자가 되어야 한다. 그런데 꼭 그렇지가 않다. 또 다른 '때'가 존재한다. 바로 부동산 시장 사이클이다. 보통 부동산 시장은 10년 주기로 상승·하락을 반복한다는 말이 있다. 적어도 5년가량 상승하는 시기가 있고, 이어서 5년가량 하락하는 시기가 와서 약 10년 정도마다 한 사이클이 반복된다는 것이다.

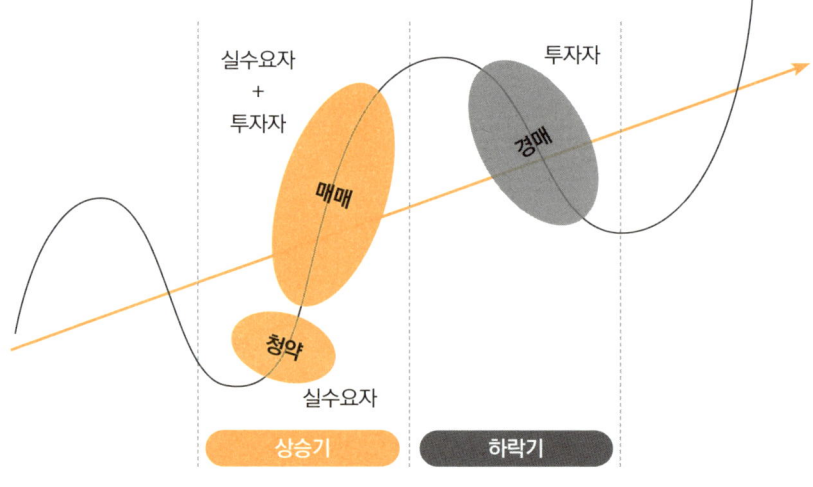

▌부동산 사이클 ▌

분양(실수요자) ➡ 매매시장 활황(투자자) ➡ 상가 분양 ➡ 집값 폭등 ➡ 규제 ➡ 공급 정책 ➡ 토지 보상 ➡ 미분양 ➡ 경매

이 사이클의 시작은 분양이다. 수도권에 집중된 인구를 위한 주택 공급은 아파트를 중심으로 이루어졌고, 대단지 아파트 공급은 부동산 시장의 주요 이슈가 되기에 충분했다. 아파트 분양은 늘 부동산 시장에서 가격 상승의 신호탄이 된다.

그럼 아파트 분양이 시작되면 무조건 가격이 상승할까? 아파트 공급을 위한 토지 확보와 건축비를 고려해 보자. 토지는 대체로 물가상승률을 감안해 매년 약 2~5% 상승하고, 건물 신축을 위한 건축 비용은 그대로 아파트 가격에 반영될 수밖에 없다. 신규 아파트 가격이 늘 기존 주택보다 높을 수밖에 없는 이유다.

이는 가치의 상승이 아닌 최소한의 재조달 원가를 반영한 가격 상승이라고 보아야 한다. 그러나 아파트도 상품이기에 성공적인 판매를 위해 건설업체들의 마감재 고급화, 평면 차별화, 공용시설 확충 등의 요소가 더해져 고유의 브랜드 가치가 형성되고, 그 모든 것이 가격에 반영되어 가격 상승으로 이어진다.

이 때문에 아파트가 분양되는 지역은 기준가격이 높아질 수밖에 없고, 그에 따라 기존 아파트의 가격 재정립이 일어난다. 그러다 너무 많은 아파트가 공급되고 미분양 물량이 늘어나면 어느새 가격 상승을 멈추고, 가격 조정을 거쳐 본격적인 하락기에 접어들게 된다. 그리고 이 하락은 미분양 물량이 해소될 때까지 지속된다. 이렇게 '가격 상승-폭등-조정-하락'의 한 사이클이 완성되는 것이다.

그런데 여기서 의문이 생긴다. 미분양이 안 생기게 할 순 없을까? 수요를 감안해서 물량을 미리 조절하면 좋을 텐데, 왜 매번 미분양이 반복되는 것일까?

04 부동산 사이클은 왜 발생하고, 반복될까

부동산 시장에 정설처럼 내려오는 10년 주기설은 왜 발생하는 것일까? 필자는 바로 '선분양' 때문이라고 생각한다. 부동산을 대량 공급하는 공장 같은 역할을 하는 곳이 건설업체이고, 그러한 권한을 부여해 주는 것이 정부 정책이다. 정부는 집이 필요한 이들에게 주택 공급을 원활하게 해주어야 하므로, 빠른 시간 안에 주택 공급이 가능한 선분양을 택했다.

주택을 공급하려면 토지 구입비용과 건설비용이 필요한데, 이 많은 자금을 조달하기 위한 방법이 바로 선분양이다. 그 덕분에 건설업체는 분양을 위한 토지 구입비용을 마련하고, 은행은 프로젝트를 담보로 대출해 준다. 그러면 건설업체는 적은 자금으로 주택 건설이 가능하다. 사는 사람도 계약금 10%만 내면 미래의 주택을 할부로 구입하는 효과가 있어 서로의 이해관계가 잘 맞아떨어진다. 이렇게 선분양은 공급업체의 부담을 줄여서 시장 분위기가 좋다고 판단되면 한꺼번에 분양 물량을 늘릴 수 있다. 그러다 건설업체가 물량 조절에 실패하면 잉여 주택이 발생하고, 그 물량은 미분양 세대가 되어 가격 하락의 요인이 된다.

종합하면 10년 주기가 발생하는 근본 요인은 선분양과 시장의 탐욕이다. 선분양제도가 존속되는 한 10년 주기는 반복될 것이다. 다만 현 정부처럼 개발이익환수제, 주택도시보증공사(HUG)를 통한 간접적인 분양가 제한 등으로 공급 물량을 조정해 주면 급격한 하락기를 겪지 않을 수 있다.

과도한 분양가와 예측 과정이 생략된 물량에도 건설업체들이 수익을 극대화하기 위해 시장 분위기에 편승하여 아파트를 생산하다 보니, 결국 시장에서 소화 가능한 물량의 범위를 넘어서게 된다. 그 결과 예상보다 높은 임대료로 인한 실망 매물과 실수요자를 찾지 못한 매물이 종국에는 시장에서도 급매물로 전전하다 경매로 넘어오는 것이다. 따라서 지금의 경매 물량은 분양업체들의 탐욕의 결과일 확률이 높다. 과도한 임대료 수준은 경매 시장을 통해 시장에서 수용될 수 있는 합리적 범위로 회귀하게 된다.

　그러면 왜 시장에서는 적정한 임대료 수준으로 낮아지기 어려운 것일까? 이를 알려면 분양을 받은 사람의 요구수익률을 살펴봐야 한다. 시중금리와 물가상승률을 고려해 설정된 요구수익률은 부동산을 구입하는 데 있어 중요한 요소다. 요구수익률은 다시 부동산 가격을 결정하는 데 큰 영향을 미친다.

　분양하면서 개발 이익을 최대한 불리고 싶은 분양업체들은 임대료 수준을 높여 매매 가격을 정당화할 수밖에 없다. 그런데 분양 시 제시했던 임대료 수준이 유지되면 다행이지만, 제시받았던 월세보다 낮게 임차가 이루어지면 분양가보다 낮은 금액에 거래될 수밖에 없다. 이 때문에 분양을 받은 사람들은 '은행 이자 & 물가상승률'보다 임대료를 낮출 수가 없는 것이다.

　매매가를 정당화하기 위해 높게 책정된 월세와 그 월세를 내고도 수익을 가져가야 하는 임차인 사이에서 타협이 이루어지지 못하면 결국 공실을 받아들여야 한다. 낮아진 임대료와 공실을 버틸 수 있는 사람도 있지만, 공실에 따른 관리비와 이자까지 장기간 쌓여가면 결국 부동산은 강제 매각절차인 경매에 들어가게 된다. 그렇기 때문에 "경매로 나오는 부동산은 다 나쁘다"라는 인식은 원인과 결과에 대한 이해 부족에서 비롯된 것이라고 할 수 있다.

　경매 시장은 부동산 상승 시 과도한 부작용을 정상화하는 역할을 담당한다. 따라서 경매 시장은 '현재 가치보다 과하게 책정된 부동산의 거품을 빼고 사는 도매시장'으로 재정의되어야 한다는 것이 필자의 견해다.

05 부동산 구입 방법에 따른 3개의 시장

부동산을 구입할 수 있는 방법은 분양, 매매, 경매 등 3가지다. 대부분의 사람들은 분양과 매매로 부동산을 구입한다.

■ 분양 시장

분양은 건설업체를 유지하는 기본 시스템이다. 부동산 시장에 새로운 상품을 내놓는 곳은 건설업체다. 토지와 건설 자재라는 원재료를 가지고 아파트, 오피스텔, 상가 등의 상품을 만든다. 개인이 직접 만들어 시장에 공급하는 비중은 거의 없다고 봐도 된다. 메이저 건설업체가 시장의 공급을 좌우하고, 우리는 그것을 소비한다. 소비자에게 선택권이 있는 듯 보이나 완전한 선택권이 있다고 보기는 어렵다.

분양물건은 팔리기 좋은 위치에 들어선다. 건설사들이 분양이 잘될 만한 곳을 선택하기 때문이다. 입지가 매력적일수록 높은 가격이 책정된다. 그래서 필자는 분양 시장을 백화점에 비유하곤 한다. 백화점은 교통이 편리한 곳에 위치해 있고, 멋진 인테리어와 좋은 시설을 갖춘 공간에서 우아하게 양질의 물건이나 명품을 구입할 수 있다. 그러나 인테리어 비용과 백화점 업체에 지불하는 수수료 등이 제품 가격에 반영되어 물건값은 비쌀 수밖에 없다. 즉 제값을 다 주고 사야 하는 것이다. 분양 시장과 백화점의 유일한 단점은 가격이다.

■ 매매 시장

분양된 부동산은 직접 거주 혹은 사용하거나 세를 주고 수익을 얻는 과정에서 시장을 통해 검증 과정을 거치게 된다. 너무 높은 임대료는 시장에서 수용되지 못해 임대료 조정이 일어나고, 조정이 안 되면 공실로 남게 된다. 매매 역시 실수요자와 투자자 사이에서 철저하게 비교된 후 선택을 받고, 그 과정에서 분양 가격은 시장 가치에 부합하게 된다. 매매 시장은 결국 분양 시장에서 부여한 미래 가치를 현재 가치로 검증받는 시장이라고 보면 된다.

■ 경매 시장

현재 가치보다 높게 형성되어 조정이 힘든 물건은 결국 경매 시장으로 넘어간다. 물론 경매는 채무를 갚지 못해 법원에 접수되는 임의경매가 대부분이다. 하지만 채무를 해결하려는 과정에서 시장에 매물로 등장하게 되고, 시장이 생각하는 금액보다 높다고 생각되면 결국 매매로 이어지지 못하고 경매로 넘어가는 것이다. 좋은 물건일수록 매매 시장에서 해소되어 예정물건이더라도 취하되는 경우가 많다.

그래서 필자는 경매 시장을 도매시장이라고 정의한다. 도매시장은 가격이 싸다. 백화점처럼 좋은 물건이 많은 것은 아니지만, 적어도 거품 낀 가격에 사지 않아도 된다.

06 제3의 부동산 구입 방법 = 경매

"경매로 나오는 부동산은 다 나쁘다."

이런 속설의 근저에는 경매에 대한 부정적 인식이 숨어 있다. 분양물건은 좋지만 경매물건은 나쁘다는 인식은 시장의 강자, 즉 부동산 상품 개발자(시행자)들의 분양 시장 미화 작업 탓이 아닌가 생각한다. 분양을 권하고, 매매를 부추기는 사회다.

우리가 매일 접하는 포털과 언론사들은 끊임없이 분양 뉴스를 쏟아낸다. 길거리를 지나다 소액 투자라는 말에 이끌려 모델하우스에 들어갔다가, 어느새 계약서에 사인을 하고 100만 원을 내고 나오면서 귀신에 홀린 것처럼 부동산 상품 구매를 끝내게 된다. 실제로 부동산 상담을 받은 이들 중 이런 식으로 오피스텔을 구입한 사례가 상당히 많다.

매매는 어떨까? 하루 중 길을 지나다 공인중개사무소를 단 하나라도 보지 않고 지나칠 수 있던가? 그 많다는 카페, 치킨집만큼이나 눈에 자주 띈다. '매매 권하는 사회'라는 말이 전혀 과장이 아닌 셈이다. 좋다, 나쁘다 평가하려는 것이 아니다. 그만큼 우리가 실생활에서 분양·매매에 많이 노출되어 있고, 기회도 많다는 것이다.

그럼 경매에 관한 경험은 어떠한가? 전체 시장에서 경매가 차지하는 비중은 매우 낮다. 비중이 낮은 만큼 경매를 접할 기회도 적어서, 대부분 자발적 의사로 참여하게 된다. 분양물건은 건설사가 잘 팔아야 하기에 언론 매체를 이용하여 대대적인 홍보 전략을 펼치고, 매매물건은 카페보다 많은 공인중개사무소의 블로그 등을 통해 정보를 접하게 된다. 드물게 접하는 경매 역시 공인중개사들이 올린 매물인 경우가 많다.

이렇듯 팔기 위해 노력하는 건설업체도, 공인중개사도 없기 때문에 경매에 참여할 수 있는 기회는 상대적으로 적다. 아직도 경매 시장은 모든 사람에게 온전히 열려 있지 않다는 뜻이기도 하다. 경매 참여자는 현재 기준으로 아직 제한적이고, 경매를 통해 돈을 버는 사람의 비중도 여전히 적은 '그들만의 리그'다. 필자는 부동산 도매시장인 경매가 선택이 아닌 필수여야 하고, 모든 사람이 경매에 대한 기본 지식을 가져야 한다고 생각한다. 경매를 권하지 않는 사회에서, 자산가치 상승을 위한 적극적인 재테크 활동으로서 경매는 필수적으로 알아야 한다.

앞서 설명한 부동산 시장 사이클에서 상승·하락기가 반복되고, 상승기에는 분양과 매매 시장이, 하락기에는 경매 시장이 형성된다고 했는데, 본인이 경매로 부동산을 구입하는 방법을 모른다면 10년 중 적어도 하락장에 해당하는 몇 년간은 부동산 투자를 멈춰야 한다. 결국 분양, 매매, 경매, 이 3가지 시장에 모두 참여할 수 있어야 한다. 돈은 굴리지 않으면 스스로 가치가 떨어지는 속성이 있다. 따라서 돈의 가치 하락을 방어하는 실물자산인 부동산을, 경매를 통해 거품 쏙 빼고 구입하는 최상의 투자 전략을 구사해야 한다.

다음 장부터는 각 생애주기별 특징을 알아보고, 접목이 가능한 가장 효과적인 경매 전략은 무엇인지 살펴보자.

· 라이프사이클 키워드 ·

자산의 씨앗, 시간

· 꼭 검토해야 하는 부동산 재테크 ·

물가상승률만큼은 오르는 토지 투자에 주목하자.

토지·나무 재테크

· 하면 안 되는 부동산 재테크 ·

이 시기는 아무것도 하지 않는 것이 리스크다.

01 자녀에게 물려주어야 할 유산

부모로서 자녀에게 물려줄 수 있는 최고의 유산은 무엇일까?

첫째, 돈이 사회를 유지시키는 기본 동력임을 알려주자.

최근 어릴 때부터 경제관념을 심어주어야 한다는 사회적 인식이 확산되면서 관련 서적도 많이 늘었다. 참 다행스러운 일이다. 필자는 부모님에게 금융 지식을 배운 것이 없어서 남들보다 출발이 많이 늦었다. 이 책의 주요 논지인 생애주기에 맞춘 올바른 부동산 재테크를 실행하지 못한 것이다. 대학교를 졸업하고 바삐 돌아가는 세상 속에 뚝 떨어졌을 때의 당혹스러운 심정은 거의 25년이 지난 지금도 어제 일처럼 선명하다. 나이만 먹었지, 내가 생활하고 숨 쉴 수 있게 해주는 사회적 양수인 돈에 대해서는 무지했으니 '경제 신생아'에 가까웠다. 지금도 어머니는 공무원의 길을 가지 않은 딸을 안타까워하고, 70세에 가까운 연세에도 생계를 위해 일을 하고 있다. 넉넉지 않았던 가정환경에 늘 화가 나고 답답해서 어릴 적부터 어머니처럼 살지 않겠다고 마음먹었다. 그런 뼈아픈 자각이 지금의 필자를 만든 원동력이었을지도 모른다. 이렇게 우리가 한참 후에야 깨달은 지식을 자녀들에게는 미리 알려주자. 돈이 전부는 아니지만, 사회를 굴러가게 하는 기본 동력은 돈이라는 것을 사회에 나오기 전에 올바로 이해시켜야 한다.

둘째, 돈 버는 방법을 알려주자.

아직 사회생활을 시작도 하지 않은 자녀에게 어떻게 돈 버는 방법을 알려줄 수 있을까? 필자가 추천하는 가장 좋은 방법은 '나무 재테크'로, 여러모로 유익한 방법이니 자녀와 꼭 같이 하기를 바란다. 자녀와 함께 5,000원도 안 되는 묘목을 심고 주말마다 가꾸자. 그렇게 5년 정도 키운 나무를 함께 팔아서 얼마를 벌었는지 보여주는 것이다. 나무 재테크는 돈 버는 원리를 직접 체험할 수 있고, 돈을 버는 일이 나무를 가꾸는 시간과 노력에 비례한다는 것도 알 수 있어 좋다. 즉 돈 버는 것이 쉽지 않다는 것을 간접적으로 알게 된다. 최고의 장점은 돈으로 살 수 없는 부모와의 추억을 쌓을 수 있다는 것이다. 자녀가 태어나서 초등학교에 들어갈 때까지가 부모의 연령대로는 30~40세다. 사회에서 가장 활발하게 일하고 시스템을 구축해야 하는 때다. 앞만 보고 달리다 이제 숨 좀 돌릴 만해서 뒤를 돌아보면 어느덧 훌쩍 커버린 자녀가 부모를 냉랭하게 쳐다본다. 이 시기를 경험해본 부모라면 누구나 공감하는 부분일 것이다. 나무 재테크에 대해서는 뒤에서 좀 더 자세히 다룰 예정이다.

셋째, 돈을 관리하는 지식을 물려주자.

부모님이 토지 보상을 받아서 약 400억 원대의 자산을 보유했던 친척의 사례를 들어보겠다. 그 덕분에 중학교 때 해외 유학을 갔는데, 시간이 흘러 30세쯤 한국에 돌아와 보니 그 많던 재산이 하나도 남아 있지 않더란다. 가족이 주유소 사업을 시작했지만 여의치 않았고, 망해가는 사업에 생활 자금까지 털어 빚잔치를 하다 보니 달랑 깔고 앉은 집 한 채가 전부였다. 화가 나거나 속상하다기보다, 돈이란 있다가도 없을 수 있는데 돈을 관리하는 능력이 이렇게나 중요한 것이었구나 하는 생각이 더 강하게 들었다고 한다. 그처럼 충격적인 이야기를 담담하게 들려주는 친척의 인품에 감탄하는 한편으로, 내가 정말로 자식에게 남겨주어야 할 것은 무엇인가 하는 생각에 머리를 한 대 세게 맞은 듯한 느낌이었다. 필자가 찾은 해답이 바로 앞서 말한 3가지, 즉 돈에 대한 이해와 돈을 버는 방법 그리고 돈을 관리하는 방법이다. 쉬운 듯 보이지만 먼저 자기 자신이 그런 지식을 가지고 있는지 자문해볼 필요가 있다. 실물자산을 물려주는 데만 급급해서, 정작 더 소중한 무형자산인 돈에 관한 지식을 물려주는 일에 소홀하면 안 된다.

이에 더하여 자녀와 함께 했으면 하는 부동산 재테크 공부법이 바로 '지하철 타면서 지역 공부하기'다. 필자의 딸이 중학교 2학년인데, 딸아이의 친구들 가운데 지하철을 혼자 탈 줄 아는 아이가 극히 드물다. 각종 범죄나 사고에 대한 우려 때문에 요즘은 부모가 자녀의 이동 동선을 체크해 주거나 차량으로 이동시키는 경우가 많다. 그러다 보니 중학교 2학년이 되도록 아주 가까운 곳이 아니면 혼자 지하철을 타고 이동한 경험이 없어서 다른 지역을 잘 모른다.

그런데 부동산의 기초는 지역을 아는 것이다. "고기도 먹어본 사람이 잘 먹는다"는 말이 있지 않던가. 실제로 발품을 많이 팔아본 사람일수록 부동산을 더 많이 이해하고, 가치도 더 잘 볼 수 있다. 그러니 교과서에 실린 역사 탐방도 좋지만, 함께 지하철을 타고 수도권 전역을 다녀보길 권한다. 필자도 경매물건 중 음식점이나 단독주택이 나오면 아이들과 함께 지하철을 타고 이동해서 물건도 보고, 근처 카페를 방문해서 이야기를 나누기도 하는데 생각보다 효과가 정말 크다. 이때의 공부가 훗날 얼마만큼의 가치로 돌아올지는 감히 추산할 수조차 없다.

02 유년기 부동산 재테크 전략

유년기 재테크의 시작은 '2,000만 원 증여'로부터 시작하는 것이 가장 이상적이다. 증여세 면제 한도가 미성년 자녀인 경우 2,000만 원이므로, 이 자금을 자녀의 생애 첫 투자 금액으로 삼자. 유년기의 특징은 시간 부자라는 점이다. 이 시기가 토지 투자를 하기에 가장 좋은 때다.

증여한 자금을 가지고 경매를 통해 토지를 낙찰받게 하자. 토지의 낙찰가율은 30~50% 수준이므로 적은 금액으로도 제법 토지 면적을 확보할 수 있다. 되도록 집에서 멀지 않은 곳을 선택해서 주말농장을 운영하자. 이때 제격인 것이 바로 나무다. 나무는 크게 조경수와 유실수로 나뉘는데, 유실수는 농사일이 될 수 있으므로 좀 더 손쉬운 조경수를 선택하는 것이 좋다. 나무는 상속세와 증여세가 없으니 잘만 운영하면 절세를 통해 수익을 더 키울 수 있다.

문제는 2,000만 원의 여유 자금이 있느냐다. 유년기 자녀를 둔 부부는 여유 자금이 많지 않은 경우가 대부분이다. 있더라도 주택 구입을 위한 예비 자금으로 남겨두어야 하므로, 자녀에게 증여 목적으로 2,000만 원을 먼저 주기란 쉽지 않다. 그렇다면 방법은 없을까? 가장 이상적인 시나리오가 있기는 하다. 나무 재테크를 통해 자본을 마련한 뒤 그 자금을 자녀에게 증여하는 것이다.

방법은 이렇다. 토지를 매입해 나무를 심으려면 돈이 많이 필요하니 일단 토지를 빌려서 나무를 심고, 시간이 지나 성목이 된 나무를 팔아서 얻은 수익을 자녀에게 증여하는 것이다. 이렇게 하면 초반에는 토지 구입자금이 없어도 된다. 순서를 바꿔서 진행하면 큰 자금 없이도 '토지-나무-증여'로 이어지는 유년기 부동산 재테크 전략을 실현할 수 있다.

거의 20년에 이르는 시간 동안 토지는 물가상승률만큼 상승해줄 것이다. 복리 효과로 인해 토지 가치 상승 폭은 생각보다 크다. 부동산 투자 중 가장 높은 가격 상승을 맛볼 수 있는 것이 바로 토지 투자이기 때문에, 자녀가 성인이 되기 전에 실행해 주면 남들보다 크게 앞서갈 수 있다.

> **유년기 부동산 재테크 전략 정리**
>
> 1. 2,000만 원을 증여한다. 2,000만 원까지는 증여세가 없다.
> 2. 경매로 토지를 매입한다. 토지는 낙찰가율이 낮아서 같은 금액이라도 더 큰 면적의 토지를 구입할 수 있다.
> 3. 나무를 심는다. 묘목의 가격은 1주당 3,000~5,000원 수준이다.
> 4. 수종에 따라 3~20년 키우면 10배 이상 가치가 상승, 3만~30만 원으로 불어난다.
> 5. 나무를 매각한 금액은 다시 추가 투자의 종잣돈이 된다.
> 6. 토지를 임대한 경우 나무 매각금액을 자녀에게 증여한다.

03 부동산 재테크의 첫걸음 = 토지

그렇다면 자녀에게 어떤 토지를 사주어야 할까? 일단 토지 구입비용은 2,000만 원으로 한정하자. 앞서 말했듯이 미성년 자녀에게 세금 없이 증여 가능한 최고 한도가 2,000만 원이기 때문이다.

■ 감정가액 기준

토지의 낙찰가율은 30~50% 수준이므로, 한도 2,000만 원을 감안하면 최대 4,000만 원까지 가능하다.

■ 검토 지역

일단 수도권을 목표로 하자. 나중에 나무를 심을 수도 있기 때문에 이를 감안하면 가까울수록 좋다.

■ 지목

28개의 지목 중 투자하기 좋은 지목은 농지(전, 답, 과수원)와 임야일 것이다. 농지는 평평한 곳이 많아서 아무래도 향후 개발 가능성이 임야보다는 높다. 그러나 임야가 훨씬 저렴하기 때문에 자금 상황에 따라서는 임야도 괜찮다.

- **면적**

농지를 구입할 때 1,000m^2까지는 주말농장이 가능하고, 사업용 토지로 인정받아 세금 면에서도 자유롭기 때문에 되도록 1,000m^2 이내가 좋다.

이제 경매물건을 검색해 보자. 지지옥션 검색창에 다음과 같이 검색 조건을 넣으면 된다.

지역: 경기 | 용도: 토지 | 감정가: ~4,000만 원

총 135건(집필 날짜 기준)이 검색되었다. 경기 지역에 4,000만 원 이하의 토지가 꽤 있어서 다행이다.

대지	임야	전	답	과수원	잡종지	도로	제방
7	57	30	17	1	3	9	1

검토 범위에 넣을 수 있는 임야 57건과 농지 48건(전 30 + 답 17 + 과수원 1)을 자세히 살펴보았다. 대부분이 지분경매물건이다. 지분경매물건은 소유자가 2인 이상인 물건으로, 일부 소유자의 지분만 경매로 나온 것이다. 지분물건은 단독 소유가 아니기 때문에 매각이 쉽지 않고, 대출 시 다른 소유자의 동의가 필요하므로 낙찰을 받아도 경락잔금 대출이 불가한 경우가 많다. 그렇다 해도 대출 없이 구입이 가능하다면 검토해도 무방하다. 공유물분할 청구소송으로 토지를 분할해 자신만의 소유로 만들거나, 형식적 경매를 통해 현금 청산도 가능하기 때문이다.

일단 지분이 아닌 물건을 선택했다. 이천시 설성면 암산리 토지로 감정가 2,700만 원, 지목은 '전'이다. 354㎡(약 107평)로 면적이 크지는 않지만, 지분이 아닌 물건 중에서는 현황이 나쁘지 않아 선택하게 되었다. 본 경매물건도 공유물분할 청구소송에 의해 형식적 경매로 진행되는 건이다. 토지 전부가 나온 것이므로 문제 될 것은 없다. 책을 쓰고 있는 시점은 아직 매각기일 전이어서 낙찰 결과가 나오지는 않았다.

관련물건 번호	1 신규	2 신규	3 신규	4 신규	5 신규	6 신규	7 신규		
소 재 지	경기 이천시 설성면 암산리 205 도로명주소								
경매구분	형식적경매(공유물분할)			채 권 자					
용 도	전			채무/소유자			매 각 기 일	20.12.23(수)10:00	
감 정 가	27,612,000 (20.07.28)			청 구 액	0		다 음 예 정	21.01.27 (19,328,000)	
최 저 가	27,612,000 (100%)			토 지 면 적	354.0㎡ (107.1평)		경매개시일	20.07.06	
입찰보증금	2,761,200 (10%)			건 물 면 적	0㎡ (0.0평)		배당종기일	20.10.19	
주 의 사 항	·맹지 ·입찰외 ·농지취득자격증명 특수件분석신청								
조 회 수	·금일조회 5 (1) ·금회차공고후조회 7 (1) ·누적조회 7 (1)							()는 5분이상 열람 조회통계	

‖ 이천시 설성면 토지 경매물건 정보(출처 : 지지옥션) ‖

매각과정 [입찰 14 일전]					법원기일내역
회차	매각기일	최저가	비율	상태	접수일~
①	2020.12.23 (10:00)	27,612,000	100%	진행	195일

‖ 매각 과정 ‖

기준 연/월	개별공시지가(단위: 만 원)	상승률
2020	34,000	3%
2019	33,000	2%
2018	32,500	2%
2017	32,000	3%
2016	31,000	5%
2015	29,500	5%
2014	28,000	6%
2013	26,500	4%
2012	25,500	11%
2011	23,000	5%
2010	22,000	5%
2009	21,000	5%
2008	20,000	11%
2007	18,000	20%
2006	15,000	50%
2005	10,000	30%
2004	7,700	17%
2003	6,600	6%
2002	6,200	3%
2001	6,000	2%
2000	5,900	4%
1999	5,700	−5%
1998	6,000	0%
1997	6,000	8%
1996	5,580	0%
1995	5,580	22%
1994	4,590	−11%
1993	5,160	50%
1992	3,450	6%
1991	3,240	−33%
1990	4,800	

‖ 연도별 개별공시지가 ‖

이 토지의 개별공시지가가 1990년부터 2020년까지 얼마나 상승했는지 알아보자. 토지는 아파트와 달리 거래 사례가 많지 않아, 세금을 책정하기 위해 매년 조사하는 개별공시지가를 토지 가치와 비례해 인식한다. 토지 거래가 드문 곳에서는 토지 거래 시에 개별공시지가를 매매 가격과 동일시하는 경향이 있다.

이 토지의 가치 판단을 위해 개별공시지가의 변동을 살펴본 결과, 다른 토지와 비교할 때 공시지가의 변화가 일률적이지는 않은 편이다. 그래서 30년 동안의 평균 상승률을 계산해 보았다.

1990~2020년 30년간 상승률 = 608%

연평균 상승률 = 20.3%

공시지가 상승률이 토지 가격 상승률과 동일한 것은 아니지만, 무작위로 선택한 곳치고는 가치 상승이 괜찮았던 토지로 판단된다.

토지 가치 상승률이 연 기준 2~5%로 크지 않은 듯 보이나, 복리로 상승하므로 앞에서 살펴보았듯이 토지는 시간이 지날수록 상승분이 크게 나타난다. 기우에서 덧붙이자면 이 토지만 연평균 상승률이 20%를 넘는 것은 아니다. 필자의 주장을 정당화하기 위해 상승률이 높은 토지를 고른 게 아니라는 얘기다.

실제로는 토지 투자를 50대 이후에 하는 경우가 많다. 하지만 토지는 결코 나이 든 다음에 해야 하는 투자 상품이 아니다. 토지는 시간이 필요하다. 언제 천지개벽해서 빅뱅이 일어날지 알 수 없다. 토지 투자의 적정

기간을 최소한 10년으로 보는 이유도 그 때문이다. 살아서는 땅값이 올라가는 걸 못 보다가 자녀만 이득을 본다는 말도 있다. 이처럼 토지 투자는 시간이 필요하기에 되도록 젊을 때 하는 것이 좋다. 또한 토지는 투자금이 장기간 묶이기 때문에 대출을 받아서 구입하는 것은 바람직하지 않다.

이상에서 보듯이 자녀가 유년기일 때 토지를 마련해 주는 것은 최고의 부동산 전략이다. 증여세 없이 투자 종잣돈을 물려줄 수 있고, 향후 가치가 얼마가 되든 증여나 상속으로부터 자유롭기 때문이다. 필자 주변에는 이런 이유로 자녀에게 섬을 사준 사람들도 있다. 삼면이 바다로 둘러싸인 우리나라는 소득이 증대할수록 수상레저 인구가 증가해서 섬에 대한 니즈도 커질 것으로 전망되기 때문이다.

04 자녀와 함께 하는 나무 재테크

2013년에 『나무 부자들』이라는 책이 많은 이들의 관심을 끌었다. 그 영향으로 평범한 직장인들도 주말에 나무를 심으러 다니기도 했다. 지금은 관심이 시들해졌지만, 사람들에게 나무도 훌륭한 재테크 수단이 될 수 있다는 새로운 관점을 던져주었다는 점에서 의미가 있다. 실제로 나무 재테크는 많은 장점이 있다.

첫째, 투자비용이 저렴하다. 토지는 대여해도 되고, 묘목은 1주당 5,000원을 넘지 않는다.

둘째, 투자수익률이 높다. 5,000원 하던 묘목이 3~5년 뒤에는 5만 원 짜리 나무가 된다. 나무 종류에 따라 묘목과 성목의 가격이 다르다. 인기 수종을 선택하는 것이 핵심이다. 투자 금액 대비 10배 수익이니 연 수익률이 엄청나다.

셋째, 시간이 자유롭다. 나무가 뿌리를 내리는 시기를 제외하고는 주말에 시간을 내는 정도로도 충분하다. 힘이 안 든다고 할 수는 없지만 투자해야 하는 시간이 비교적 적은 것은 분명하다.

넷째, 상속세·증여세가 없다. 매각 차익이 엄청나기 때문에 증여세가 있다면 상당한 금액이 되겠지만, 증여세가 없으니 자녀 증여용으로 그만이다. 나무도 농업의 일종이기에 분명 쉬운 일은 아니다. 그러나 요즘은 나무 재테크를 위한 학원도 있어서 코칭을 받을 수 있으니 너무 어렵게 생각하지 않아도 된다.

05 토지의 수익 다각화_6차 산업

경제 성장기에는 토지만 사두면 도시가 들어서느라 보상을 받으면서 땅값이 몇 배씩 올라 너무나도 매력적인 투자수익률을 안겨다 주었다. 앞으로는 과거와 같은 고도성장의 시대를 기대하기 어려울 것이다. 아마도 3기 신도시가 마지막 대규모 신도시 개발이 아닐까 싶다.

산술적으로는 주택보급률이 100%를 넘었으니(2018년 기준 104.2%)

새로 지어지는 건물보다 이미 지어진 건물의 수가 더 많은 시대가 되었다. 다시 짓거나(재건축) 다시 고치는(리모델링) 방향으로 갈 수밖에 없다. 그렇다면 토지 투자의 시대는 끝난 것일까? 더 이상 과거처럼 높은 수익을 기대할 수 없는 것일까?

토지 투자의 기본 포인트는 물가상승률을 헤지(hedge)한다는 것이다. 내가 손에 쥔 돈의 가치가 미래에도 그대로 유지될 수 있다는 뜻이므로, 돈의 가치(자산가치)가 떨어지지 않게 하는 안정성은 기본적으로 확보하는 셈이다. 따라서 그 이상의 자산가치 상승을 누릴 수 있을 것인지가 관건이 된다.

바로 이 부분에서 과거와는 다른 시각으로 접근해야 한다. 국가경쟁력에서 4차 산업이 새로운 비전이 되고 있듯이, 부동산에서 새로운 비전은 6차 산업이다. 6차 산업을 이해하려면 먼저 1차 ➡ 2차 ➡ 3차 산업에 대한 이해가 필요하다.

1차 산업 = 농업. 농업·목축업·임업·어업 등 직접 자연에 작용하는 산업의 총칭
2차 산업 = 가공산업. 원시적 산업을 제외한 모든 생산적 산업
3차 산업 = 서비스업. 상업, 운수, 통신, 금융 등 1·2차 산업에서 생산된 재화를 소비자에게 판매하거나 각종 서비스를 제공하는 산업

'농사 ➡ 제조 ➡ 서비스업'이라는 산업의 발전 과정을 그대로 보여주고 있다.

6차 산업 = 1차 산업 × 2차 산업 × 3차 산업

1차 산업인 농업을 2차 가공산업 및 3차 서비스업과 융합해 농촌에 새로운 가치와 일자리를 창출하는 산업

위에서 보듯 6차 산업은 2·3차 산업과의 결합을 통해 농업의 '종합산업화'를 지향한다. 농업이 1차 산업의 틀에서 벗어나 2차 가공산업, 3차 서비스업과 융합해 3가지 산업을 아우르는 종합산업으로 확장된 개념이며, 농촌에 새로운 가치와 일자리를 창출하는 데 목적을 두고 있다. 6차 산업의 가장 대표적인 사례가 바로 '허브아일랜드'다.

인터넷에서 허브아일랜드를 검색하면 소개란에 '관광농원', '팜스테이'라고 나온다. 허브아일랜드는 어느 부부가 일군 허브 농장으로부터 시작되었다. 허브아일랜드의 대표는 간 기능이 악화되어 1996년에 6개월 시한부 선고를 받았다. 그 후 서울 생활을 정리하고 포천의 후미진 땅을 매입했다. 아이들에게 땅을 남겨주면 농사라도 지을 수 있으니 굶지는 않겠다는 생각이었다고 한다. 그런데 9,917m^2(약 3,000평)에 비닐하우스를 짓기 시작한 지 2년 만에 건강을 회복했고, 소박하게 시작한 허브 농장이 현재 4만 2,975m^2(약 13만 평)에 이르는 테마파크로 성장해 주말이면 1만여 명이 찾아오는 명소가 된 것이다.

토지는 모든 부동산 투자의 근간이 되는 최고의 상품이지만, 6차 산업처럼 수익을 다각화할 수 있는 바탕이 되어주기도 한다. 캠핑을 예로 들어보자. 10여 년 전부터 캠핑이 인기몰이를 시작하다가, 불과 몇 년 만에 백화점 1층의 화장품 코너를 밀어내고 캠핑용품이 진열될 정도로 캠핑

■ 허브아일랜드 전경(출처 : 허브아일랜드 홈페이지) ■

시장이 폭발적으로 성장했다. 그 후 인기가 시들해지는가 싶더니, 최근 코로나19로 해외여행을 갈 수 없게 되자 그 대안으로 다시 캠핑의 인기가 높아졌다. 가까운 일본에 비하면 국내 캠핑시설은 10분의 1 수준이라고 하니, 캠핑 시장은 아직 한참 더 성장할 것으로 보인다.

  토지 투자를 설명하면서 6차 산업을 꺼내고 캠핑을 이야기하는 이유는 바로 캠핑이 6차 산업에 해당하기 때문이다. 1차 수익은 토지의 지가 상승에 의한 자산 증대이고, 2차 수익은 토지에 심은 나무가 성장한 후 얻을 수 있는 매각 차익이다. 여기에 캠핑장까지 운영한다면 추가 수익도 가능하다. 나무는 가지가 커서 나무와 나무 사이에 최소 약 2~3m의 간격이 발생하는데, 이 공간이 텐트 하나가 들어가기에 적합한 1사이트(site) 크기가 되기 때문이다.

캠핑 초창기에는 주로 나무가 많은 수목원에서 캠핑장을 운영했다. 캠핑 사이트는 하루 최소 비용을 2만 원 선으로만 잡아도 일주일에 벌어들이는 수익이 상당하다. 토지는 하나로 몇 가지 수익을 창출할 수 있기 때문에 6차 산업의 좋은 예가 될 수 있다. 이처럼 부동산은 어떤 주인을 만나느냐에 따라 가치가 달라진다.

06 20대 부동산 재테크 전략

20대에는 투자금이 많지 않다. 그 대신 다양한 경험을 쌓으면서 오류가 있으면 수정하고, 실패해도 다시 일어설 시간이 많다는 커다란 장점이 있다. 그러니 본격적으로 자산을 형성하기 전에 부동산에 대한 기본 감각을 익힐 수 있는 준비 기간으로 삼아보자.

> **20대 부동산 재테크 전략 정리**
>
> **1** 공매를 마스터하자.
>   소액 투자가 가능하고 다양한 물품을 다루는 공매로 부동산 경험을 폭넓게 쌓아보자.
> **2** 다양한 부동산을 경험하자.

부동산은 거래 금액이 커서 경험치를 많이 쌓기 어렵다. 그래서 더더욱 부동산 관련 경험을 많이 해보아야 한다. 그래야 본인에게 맞는 부동산 상품을 미리 파악할 수 있고, 거래 금액이 커지는 30~40대에 실수 확률을 줄일 수 있다. 먼저 1억 원대의 토지, 빌라, 오피스텔 등을 경매로 낙찰받아 보자. 거래 금액이 작아 부담스럽지 않으면서도 '매입 ➡ 대출 ➡ 임대차 계약'에 이르는 일련의 과정과 보유하면서 부딪히게 되는 다양한 상황, 그리고 세금, 매각 등 부동산에 수반되는 모든 과정을 직접 경험할 수 있어 실습용으로 안성맞춤이다.

07 서울에 '토지 나무'를 심자

이제 시간을 이기는 부동산 투자 대상으로서 토지가 갖는 매력에 대해서는 어느 정도 공감하리라 믿는다. 그런데 개중에는 반드시 경기도나 지방의 토지만을 투자 대상으로 삼아야 하는지 의문을 갖는 사람도 있을 것이다. 모두가 서울이 정답이라고 외치는 이때, 과연 지방에 있는 토지에 내 돈을 쏟아부어도 될지 의구심을 품는 이들에게 추천하고 싶은 방법이 하나 있다. 바로 서울에 '토지 나무'를 심는 것이다.

그런데 서울에 토지가 있던가? 아파트 $3.3m^2$(1평)의 가격이 1억 원을 넘어선 지금, 본인이 가진 자금으로 서울 땅을 얼마나 확보할 수 있을지 의문과 회의가 들 것이다. 그래서 제안하는 방법이 '간접 투자', 즉 토지를 간접적으로 확보하는 것이다. 현재 서울에는 비어 있는 '나대지'가 거의 존재하지 않는다. 한국전쟁 이후 가파른 성장기에 지어진 수많은 건물이 있고, 앞으로 지어질 건물보다 이미 건물이 지어진 건물이 훨씬 많은 시대로 접어들고 있다. 따라서 서울에서의 토지 투자는 이미 건물이 지어진 땅을 간접적으로 확보하는 것 외에는 달리 방법이 없다.

서울 구도심지는 너무 빨리 개발된 탓에 이제는 외려 대규모 개발을 저해하는 요인이 되어버렸다. 아무것도 없는 나대지의 가치가 건물이 지어진 대지의 가치보다 높은 것과 같은 맥락이다. 서울에 건물이 지어진 땅은 본의 아니게 저평가 요인을 가지고 있는 것이다. 서울에 토지 나무를 심는다는 것은 바로 이런 토지에 투자하는 것을 말한다. 낡은 건물로 토지의 성장성이 막혀버린 토지에 시간 투자를 하라는 것이다. 다음의 사례를 보면 쉽게 이해할 수 있다.

'저평가되었다'는 말은 참 재미있는 표현이다. 미래의 시점에서 보면 현재 가치가 낮게 평가되었다는 의미지만, 현재 관점에서는 지금의 가격이 합리적이기 때문에 그 정도 가격이 형성되었을 것이기 때문이다. 아래 경매물건이 바로 그런 사례다.

소 재 지	서울 종로구 돈의동 103-98 (03139)서울 종로구 돈화문로9가길 7-1				
경매구분	강제경매	채 권 자	박OO		
용 도	주택	채무/소유자	조OO	매각기일	17.04.25 (121,330,000원)
감 정 가	110,855,100 (16.12.11)	청 구 액	83,594,521	종국결과	17.07.25 배당종결
최 저 가	110,855,100 (100%)	토지면적	13.2㎡ (4.0평)	경매개시일	16.11.17
입찰보증금	11,085,510 (10%)	건물면적	전체 27.5㎡ (8.3평) 제시외 14.28㎡ (4.3평)	배당종기일	17.02.03
조 회 수	·금일조회 1 (0) ·금회차공고후조회 215 (34) ·누적조회 382 (35)			()는 5분이상 열람	조회통계

┃ 종로구 돈의동 주택 경매물건 정보(출처 : 지지옥션) ┃

'종로구에 그런 동이 있었나?' 싶을 만큼 생소한 이름, 돈의동은 서울에서 몇 안 되는 쪽방촌이 위치한 곳이다. 경매물건을 검색하다 종로구 안에 1억 원짜리 주택이 나온 것을 확인했다. 그것도 종로3가 트리플 역세권에. 토지 면적은 13㎡, 건물 면적은 27.5㎡. 그런데 주소를 아무리 살펴봐도 지번 뒤에 호실이 없었다. '그럼 단독주택이라는 뜻인데? 지분일까? 어, 그것도 아니네.' 조금은 설레는 마음으로 사진을 확인하는 순간, 낙후된 건물이 눈에 들어오면서 "아……" 하는 장탄식과 함께 이유 모를 배신감을 느꼈다.

그럼에도 이 물건은 커다란 가치를 두 개나 품고 있다. 바로 '트리플 역세권'과 '상업지역'이라는 점이다. 토지는 위치도 중요하지만 용도 지역이 무엇이냐에 따라 가치가 크게 달라진다는 점은 많이들 알고 있을 것이다.

▪ 위치

이 물건은 종로3가역 인근 상업지역 내에 있다. 지도에서 볼 수 있듯이 1·3·5호선 등 3개의 지하철 노선이 지나는, 서울의 중심 중에서도 중심이요 과거 임금이 살았던 사대문 안에 위치한 곳이다. '사대문 안'이라는 말이 비록 지금은 '강남'이라는 단어보다 사람들을 설레게 하지는 못하지만, 시간이 지나면 과거의 명성을 되찾으리라는 것이 필자의 생각이다. 500년 역사의 경복궁을 출발해 서울 행정의 중심인 서울시청을 지나 291만㎡ 규모의 공원으로 조성될 용산공원까지……. 향후 강북 지역 '부의 축'이 될 '경복궁 – 서울시청 – 용산·용산공원'은 미래의 언젠가는

'강남' 못지않은 설렘으로 다가올 것이라고 믿는다.

┃ 경매물건의 위치 ┃

- **현황**

물건 앞 도로는 폭 1m 남짓으로 사람이 겨우 지나다닐 정도이다. 들어가는 곳도 헷갈리고, 나가는 길도 알 수 없는 미로 같은 곳이다. 서울 중심부에 이런 곳이 아직도 있다는 게 신기할 따름이다. 과거로 시간 여행을 하는 듯한 착각마저 든다. 그러나 쪽방촌이어도 월세 시세는 엄연히 존재한다. 종로3가는 3개의 지하철 노선이 지나는 트리플 역세권이라 기초생활수급자들이 무료 급식소 등 서울 곳곳으로 이동하기 좋아 쪽방촌 중에서도 선호도가 높은 편에 속한다고 한다.

┃ 돈의동 쪽방촌 모습 ┃

　쪽방은 단칸방과 비슷한 뜻으로, '한 사람이 누우면 꽉 찰 정도의 방'을 의미한다. 과거 면적의 기본 단위로 사용했던 '평'의 개념이 바로 여기서 출발했다. 1평(3.3㎡) 남짓한 공간이라고 보면 된다. 4평도 안 되는 방을 보통 3~4개로 쪼개놓아서 '쪽방'이라고 불리게 되었다. 사례로 든 경매 물건은 다행히 3평에 조금 못 미치는 공간을 한 사람이 쓰고 있었다.

　1층에 있는 2개의 문 가운데 하나는 현관문이고, 다른 문을 열면 위층으로 올라가는 계단이 나온다. 좁은 계단을 통해 올라가면 신기하게도 3층까지 이어진다. 약 4평짜리 토지에 무려 3세대가, 각각 2평 남짓한 공간 안에 거주하고 있는 것이다.

임차인현황	※ 건물 등기의 권리관계로만 분석함. (토지등기부 확인필)					
임차인/대항력		점유현황	전입/확정/배당	보증금/월세	예상배당액 예상인수액	인수
장OO	有	[주거/]	전입 2012-03-22		-	인수
이OO	無	[주거/]	전입 2013-06-20		-	소멸
이OO	無	[주거/]	전입 2016-03-10		-	소멸

임차인수 : 3명 / 보증금합계 : 0 / 월세합계 : 0

채무자(소유자)점유. 등기상 단층주택이나 현황상으로는 3층 구조의 원룸형 주택임. 1층 주택의 위에는 2~3층 원룸형 제시외건물이 있음. 1~3층의 점유현황은 본건 소유자 ■■■ 의 진술에 의하면 1층에는 소유자 ■■■ 가 거주하고, 2층에는 ■■■ 가 3층에는 ■■■ 이 거주하고 있다고 진술. 그러나 2, 3층 거주자가 임차인인지 제 3소유자인지에 대하여는 대답을 회피했으며, 2, 3층 거주자는 모두 폐문부재중. 2, 3층 점유자에 대하여는 임차인보호를 위하여 일단 임차인으로 보고함

건물등기부 (열람일자:2016-12-01)			※ 건물 등기의 권리관계로만 분석함. (토지등기부 확인필)			
접수일자	권리종류	권리자	채권금액 예상배당액	말소	비고	
1999-01-04	소유권	조OO				
2012-08-06	가압류	■	40,000,000 40,000,000	말소	말소기준등기 2012 카단 41158 서울중앙	
2012-08-08	근저당권	■	40,000,000 40,000,000	말소		
2015-12-07	가압류	■	30,000,000 30,000,000	말소	2015 카단 4391 의정부	
2016-11-18	강제	■		말소	경매기입등기	

등기부채권총액 : 110,000,000

∥ 임차인 및 등기부 현황 ∥

　경매 정보에는 3명의 임차인이 기재되어 있는데, 정보 그대로 3명이 한 층씩 거주 중인 것을 확인했다. 이 중 임차보증금이 표기되지 않았고 배당요구도 하지 않은 선순위 임차인이 있어 확인이 필요했다. 1층에 불이 켜져 있어 조심스레 문을 두드렸더니 현관문이 열렸다. 바로 방이 훤히 보여서 살짝 당황했다. 주방, 화장실, 에어컨, 장롱 등 내부 시설이 한눈에 들어왔다.

　문을 열고 나온 사람이 바로 이 물건의 소유자이자 선순위 임차인으로 신고된 사람이었다. 고맙게도 방에 들어오라고 하더니 지난 사연을 얘기해 주었다. 들어보니 사연이 참으로 기구했다. 경매로 나오는 집들

은 하나같이 드라마로 써도 될 만큼 곡절이 많다. 이 임차인도 마찬가지로, 저간의 사정은 대략 이러했다.

그는 워낙 오랫동안 일수를 해서 종로 쪽에서는 알 만한 사람은 다 알 정도였다고 한다. 돈을 빌려주는 쪽도 다른 데서 돈을 빌려 일수를 하게 마련인데, 어느 날 지인이 돈을 빌려 가서 갚지 않았다고 한다. 결국 자신의 채무가 아니라 빌려준 돈을 받지 못해 집을 저당 잡히는 바람에 경매에 나오게 되었던 것이다. 선순위 임차인을 통해 다른 임차인들의 현황 파악도 할 수 있어서 현장 분석은 잘 마무리되었다.

■ 입찰

미래 가치는 충분하나 선순위 임차인이 있고 쪽방촌인 이 물건에 과연 몇 명이 입찰할까? 단독 아니면 2 대 1 정도가 될 것으로 보였다. 입찰 당일 50대 부부가 입찰했고, 필자에게 의뢰한 사람까지 총 두 명이 입찰해 1억 2,000만 원으로 낙찰받았다. 감정가인 1억 1,000만 원보다 1,000만 원을 높여 109% 수준으로 입찰가를 쓴 것이다. 입찰가를 토지면적인 13m^2(약 4평)로 나눠보면 3.3m^2당 4,000만 원 수준이다.

종로3가 트리플 역세권이면서 상업지역인 땅의 가치로 보면 낮은 금액이지만, 미로 같은 현실을 감안하면 낮은 금액은 아니다. 추후 상업지역이라는 본래의 용도를 찾게 되면 상업지역 평균 가격인 3.3m^2당 1억 원 수준은 회복할 수 있을 것이다. 그러나 그 시점은 예상과 기대보다는 먼 미래가 될 터이다. 도심지의 개발 시계는 마음과 달리 빨리 가지 않기 때문이다. 필자가 '토지 나무'라고 명명한 이유가 여기에 있다. 나무가 자라듯 기다려야 하는 물건이라는 뜻이다. 그 대신 오피스텔 수준의 가격에다 월세가 들어오므로 큰 부담감이 없기에 투자의 한 축으로 남겨두면 된다.

생애주기로 보면 장년층보다는 청년층에 적당한 물건이다. 현 시점에서는 주택 규제로 '똘똘한 한 채'에 대해 비과세 혜택을 누리려면 장기보유해야 하는 탓에 이런 물건의 투자가 쉬운 것은 아니다. 그러나 규제는 부동산 상황에 따라 변하게 마련이니, 서울 소재 토지에 간접투자한다는 마음으로 접근하면 좋을 듯하다.

매매 시장에는 이런 물건이 잘 나오지 않는다. 나오더라도 시기를 맞추기가 쉽지 않다. 제3의 구매 방법인 경매 시장까지 고려하고 있었기 때문에 매입이 가능했던 것이다.

■ 계약 & 명도

1층에 사는 임차인 겸 소유자는 돈이 아예 없는 사람이 아니어서, 낙찰받은 후 보증금 3,000만 원에 전세 계약을 체결했다. 월세 부담을 줄여 다시 돈을 모으고 싶다며 전세로 살기를 원해서다. 2층에 살던 이들은 전 소유자가 들인 임차인이어서 자신이 관리해 주겠다고 했다. 이로써 전 소유자와의 우호적 관계를 통해 나머지 임차인들과도 원만하게 계약을 완료했다.

경매 정보에 나온 사진만 보고 임대차가 가능할까라는 생각에 포기한 사람들이라면 보증금 3,000만 원에 월세 40만 원짜리 물건으로 탈바꿈한 사실에 놀랄 것이다. 그럼에도 낙찰받은 의뢰인에게는 월세를 못 받을 수도 있으니 큰 기대는 하지 말라고 말했다. 쪽방촌 사람들은 대개 거주지가 불분명하고 이동이 많아 연락이 안 될 수도 있기 때문이다. 몇 년이 흘렀지만 다행히 아직까지는 월세가 큰 탈 없이 들어오고 있다고 한다.

　익선동 한옥마을과 도로 하나를 사이에 두고 있어서 이곳도 가까운 시일 내에 개발이 가능할 것으로 보인다. 참고로 서울시내에 위치한 쪽방촌에 대한 개발 압력은 점점 커지고 있다. 2023년까지 영등포 쪽방촌을 주거·상업 복지타운으로 건설하기 위한 공공주택지구 지정이 2020년 완료된 바 있다.

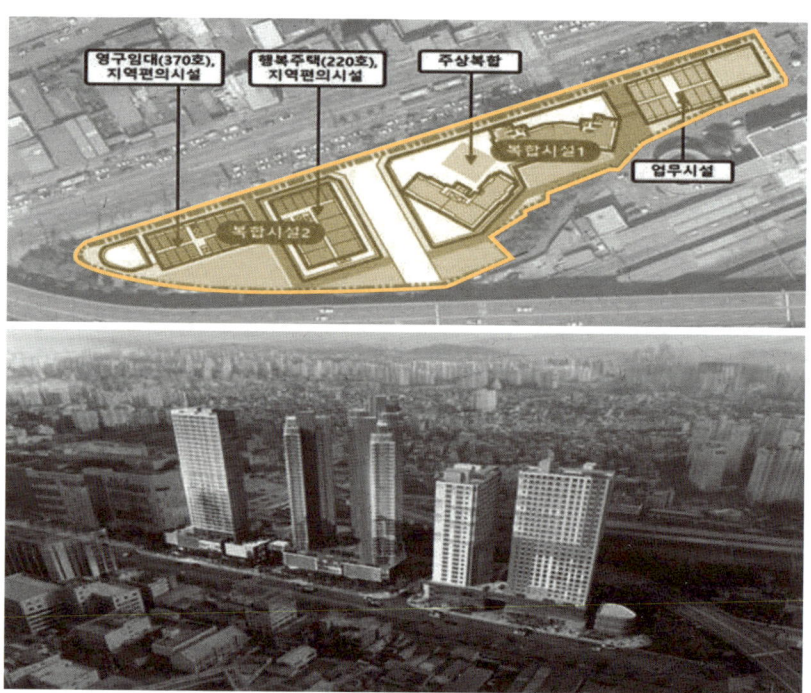

▌영등포 쪽방촌 공공주택사업 토지이용구상 및 조감도 ▌

08 오피스텔 투자는 분양 말고 경매로

부동산을 처음 매입하는 사례 중에는 실거주를 위한 아파트 외에 오피스텔도 상당히 많다. 인터넷상에서 쉽게 오피스텔을 접할 수 있고, 도심지 지하철역 앞을 지나다 사람들의 손에 이끌려 들어간 곳이 대부분 오피스텔 분양 현장이다. 생각보다 많은 이들이 자의 반, 타의 반으로 오피스텔을 구입하고 있는 것이다.

오피스텔 투자에 대해 한번 점검해 보자. 오피스텔의 역사는 1985년 마포 성지빌딩을 분양하면서 시작되었고, 2000년대 초반 경기도 신도시 지역에 본격적으로 분양 물량이 쏟아지면서 부동산 상품 중 하나로 자리 잡았다. 오피스텔의 투자 포인트는 4가지다.

❶ 상가보다 낮은 공실률로 인한 안정성

월세가 따박따박 나오는 수익형 부동산에 대한 관심은 어느 때보다 높아졌지만, 상가는 공실 위험이 높아 투자하기가 조심스럽다. 반면 1인 가구 증가 추세가 뚜렷해짐에 따라 혼자 거주할 수 있는 주거 상품에 대한 수요는 갈수록 늘고 있어, 오피스텔은 상가보다 공실이 발생할 가능성이 낮고 그만큼 안정성이 높다는 장점이 있다.

❷ 주차, 보안 등의 이점으로 다가구·다세대를 대체

전통적으로 1~2인 가구를 수용해온 다가구와 다세대 등 빌라는 저렴한 주거 상품이지만 주차, 보안 등이 취약해 여성이나 소득이 비교적 높은 직장인들에게 완벽한 상품은 아니었다. 주차와 보안을 확보한 오피스텔은 이런 수요를 끌어안으면서 1~2인 가구의 대표적인 주거 상품으로 자리 잡았다.

❸ 역세권에 위치

오피스텔은 태생이 상가여서 상업지역에 지어진다. 상업지역은 대부분 지하철역을 중심으로 형성되어 있기 때문에 출퇴근 시간의 영향을 많이 받는 직장인들에게 거주지 검토 1순위가 되었다.

❹ 아파트 가격의 상승

최근 몇 년간 아파트 가격이 크게 상승해 도심지 내 거주 비용이 많이 늘어났다. 높아진 매매가 탓에 전세가도 동반상승해 신혼부부처럼 큰 주거 공간을 필요로 하지 않는 수요층이 오피스텔을 아파트 대체재로 선택하기 시작했다. 전세 수요가 많이 늘면서 오피스텔의 전세가 역시 매매가 대비 80~90%까지 크게 상승했다. 높아진 전세가는 매매가 상승과 거래량 증가로 이어졌다.

이처럼 아파트와 비교하면 소액 투자가 가능하고, 상가와 비교하면 월세가 안정적으로 나오는 등 많은 장점을 가진 수익형 상품임에도, 오피스텔 투자는 여러 가지 이유에서 쉽지만은 않다.

■ **주거용이냐 업무용이냐 그것이 문제로다.**

태생적으로 주거용으로 분류하기도, 상가라고 규정하기도 애매한 측면이 있다. 태생은 상가가 맞지만 현황상 주거용처럼 쓰이기 때문이다. 필요에 의해 태어난 상품이기에 이러한 현실을 수용하고 주거에 준하는 시설로 인정하고 있다. 이 점을 너무나도 잘 아는 세무당국은 과세에 유리한 유권해석을 내놓았다. 즉 오피스텔을 취득할 때는 주거용, 업무용 구분 없이 상가로 간주해 4.6%의 취득세를 부과한다. 보유하는 동안에는 상가에 준하는 재산세를 낸다. 양도 시 업무용으로 썼다면 주거용으로 쓰지 않았다는 점을 소유자가 입증해야 한다. 입증하지 못하면 주거용으로 간주되어 양도세 중과 적용을 받는다.

최근에 주택 규제가 강화되면서 오피스텔의 이러한 특성을 잘 모르면 엄청난 손해를 입을 수 있다. 오피스텔로 인해 무주택 요건이 깨져 청약이 취소되기도 하고, 비과세 혜택을 받을 줄 알고 매각한 아파트에 양도세가 중과되기도 한다. 오피스텔이 주택 수에 포함되어 추가 주택구매 시 취득세가 8~12% 중과되기도 한다. 이 모두가 오피스텔을 주거용과 업무용 중 어떤 형태로 보유하고 있느냐에 따라 달라지는 사례다.

■ **가격 상승이 거의 없다.**

부동산을 살 때는 누구나 두 가지 수익을 목표로 삼는다. 보유할 때는 월세가 많이 나왔으면 좋겠고, 매각할 때는 가격이 올라서 매각 차익이 나기를 기대한다. 이처럼 보유 수익과 매각 차익이라는 두 마리 토끼를 다 잡고 싶겠지만, 오피스텔은 매각 차익이 거의 발생하지 않는다는 점을 꼭 알아두자. 오피스텔 가격이 잘 오르지 않는 이유는 크게 두 가지다.

❶ 월세에 기반을 둔 분양가

수익형 부동산은 매달 나오는 월세가 중요하기 때문에 임대료에 따라 매매가가 형성된다. 기본 원리는 간단하다. 임대료가 은행 이자보다는 많아야 한다는 것이 전제다. 투자자들은 보수적으로 시중금리보다 2~3%p 높기를 희망한다. 문제는 오피스텔을 분양받을 때 발생한다.

오피스텔 가격은 입주 당시에 예상되는 월세를 기준으로 책정된다. 호재가 있건 없건 해당 지역 월세를 반영해 분양 가격을 책정한다. 오피스텔이 완공되어 입주 시기가 되면 한꺼번에 쏟아진 월세물건들이 임차인 유치를 본격화하면서 경쟁이 치열해져 임대료가 떨어진다. 분양 시 제시받은 월세로 복귀하려면 한 사이클이 지나야 한다. 적어도 1년은 기다려야 가격 정상화가 이루어진다.

그사이 낮아진 월세로 수익률이 떨어져 분양가보다 매매가가 낮아지는 현상이 발생하게 된다. 입주 시 예상치보다 현재 월세가 더 높게 형성된 지역은 얼마 안 된다. 현재 누구나 선호하는 마곡지구, 판교조차도 입주 시점에 가격 조정을 받았다. 이런 이유로 필자는 오피스텔은 분양보다 입주 후 매매나 경매로 매입해야 한다고 생각한다.

❷ 월세 상승이 제한적

최근 오피스텔보다 지식산업센터의 인기가 높다. 이유는 단 하나다. 가격 상승 폭이 오피스텔보다 크기 때문이다. 오피스텔과 지식산업센터 둘다 월세가 나오는 수익형 부동산으로 손색이 없다. 그러나 오피스텔은 주거 상품이기 때문에 월세를 무한정 올리기 어렵다. 임차인 입장에서 소득 대비 임대료 비중을 크게 올리기 힘들기 때문이다. 이에 반해 지식산업센터는 기업이 사업을 잘하거나 지역적 인프라 구축이 잘되어 입주를 선호하는 기업이 많아지면 월세 상승이 가능하다. 따라서 지식산업센터보다 임대료 상승에 제한이 있는 오피스텔은 상대적으로 매매가 상승이 제한적이라는 평가를 받을 수밖에 없다. 보유 수익과 매각 차익 두 마리 토끼를 다 잡고 싶은 투자자들에게는 투자를 주저하게 만드는 요인이 된다.

어느 상품이나 장단점이 있게 마련이다. 영민한 투자자라면 단점이 되는 수익률 저하 요인을 제거하려고 노력할 것이다. 다시 말해서 임대료 상승이 제한적이라면 저렴하게 구입하면 된다. 경매는 매매보다 구입가가 낮아 매각 차익도 만들 수 있다. 오피스텔의 경우 분양보다 경매를 추천하는 이유다.

상승 분위기에 힘입어 늘어난 분양 물량과 주택 규제에 따른 영향으로 오피스텔 투자 열기는 과거보다 식었다. 이를 역이용하면 관심이 적을 때 낙찰가율은 떨어지므로 지금이 경매로 오피스텔을 구입하기에 가장 좋은 때라고 할 수 있다. 오피스텔은 부동산 상승기에는 낙찰가가 매매가와 별로 차이 나지 않는다. 따라서 상승기에는 입주 시기에 오피스텔을 구입하고, 하락기에는 경매로 오피스텔을 구입하는 전략을 구사해야 한다.

09 오피스텔로 월급 통장 만들기

오피스텔로 월급을 대신할 수 있는 시스템을 만든 사례를 살펴보자. 오피스텔은 앞서 이야기했듯이 자산 증식을 목적으로 하면 안 된다. 그 대신 안정적으로 월세가 나오는 상품이기 때문에 임대 수익을 목적으로 삼는다면 굉장히 좋은 투자처가 된다. 이런 이유로 보유 자산을 늘리는 것이 우선인 20대에게 오피스텔은 가격 상승 가능성이 거의 없어 투자 상품으로 적합하지 않다. 그러나 50대처럼 어느 정도 자산 형성이 되어 은퇴 준비를 해야 하는 나이에는 딱 맞는 상품이다. 아래의 경매 사례와 전략은 20대를 위해 준비했지만 50~60대에게도 동일하게 적용할 수 있다. 오히려 50~60대에게 더 효과적이다.

어느 날 20대 후반의 수강생이 찾아왔다. 홈쇼핑에서 쇼호스트로 일하는데 직업 특성상 30대가 되면 나이가 많은 축에 속한다고 한다. 그래서 1년마다 연장되는 고용 계약이 몇 년 뒤에는 힘들 것 같아 고민이 많다는 것이다. 다른 일을 하고는 싶은데 직장을 다시 구하거나 새로운 직업을 준비하는 기간이 길어지면 생활이 어려워지므로, 현재 보유한 자금만으로 회사를 나와 이직하더라도 생활비 정도는 마련할 수 있는 부동산을 구입하고 싶다는 것이 고민의 내용이었다.

과거에는 평생 하나의 직업만 갖는 경우가 많았다. 그러나 지금은 평균수명이 길어지고 사회 구조도 빠르게 변하다 보니 단 하나의 직업이나 능력만으로는 평생을 영위하기가 어렵다. 이 때문에 오히려 20~30대에 직업에 대한 고민과 이직이 많다.

늘 이직을 꿈꾸면서도 실행에 옮기지 못하는 근본 이유는 바로 생활비다. 수입이 끊기면 기본 생활비는 모두 빚으로 쌓이기 때문이다. 이때 안전판 역할을 해줄 수 있는 것이 임대료다. 그래서일까? 직장인들에게 꿈이 무엇이냐고 물어보면 한결같이 '월 1,000'이라고 대답한다. 한 달에 들어오는 임대료가 1,000만 원 정도면 회사를 그만두고 자아실현에 더 많은 시간을 쓰고 싶다는 것이다. 임대료로 월급을 대체하고자 하는 소망은 은퇴 시점이 가까운 사람뿐만 아니라 갓 직장 생활을 시작한 사람들에게도 이루고 싶은 목표가 되었다.

자산가치 상승을 크게 기대하기는 어렵지만 오피스텔은 누구나 쉽게 '임대료 = 월급'의 꿈을 실현할 수 있는 안정적인 수익형 부동산이다. 고민을 토로한 쇼호스트는 보유 자금이 1억 2,000만 원 정도로 많지 않았다. 당시 수익형 부동산의 수익률은 7%대로, 대출받아 오피스텔을 구입하면 5채에 110만 원 정도의 월세는 가능했다. 최소한의 생활비를 고려해 월 200만 원 정도의 임대료가 나오려면 매매로는 답이 없었다. 경매로 오피스텔을 구입해 임대료를 늘리기로 방향을 정했다.

■ 경매물건 검색

오피스텔을 여러 채 구입하려면 무엇보다 관리가 편해야 한다. 여러 곳에 흩어져 있으면 관리가 쉽지 않을 테니, 여러 호수가 한꺼번에 나온 경매물건을 검색하기 시작했다. 때마침 54건이 한꺼번에 진행되는 일산의 오피스텔 물건이 눈에 들어왔다.

일산 신도시 주엽역 인근에 있는 오피스텔로 위치는 나쁘지 않았다. 다만 대로변이 아닌 아파트 단지 후면부에 자리 잡고 있어, 주엽역 인근 상업지역 내에서는 다소 입지가 떨어지는 곳이었다. 이런 이유로 대로변에 있는 오피스텔보다 가격이 10% 정도 낮았다. 동일한 역세권이지만 후면부에 있다는 이유만으로 가격이 낮았기에 오히려 저렴하게 매입할 수 있었다.

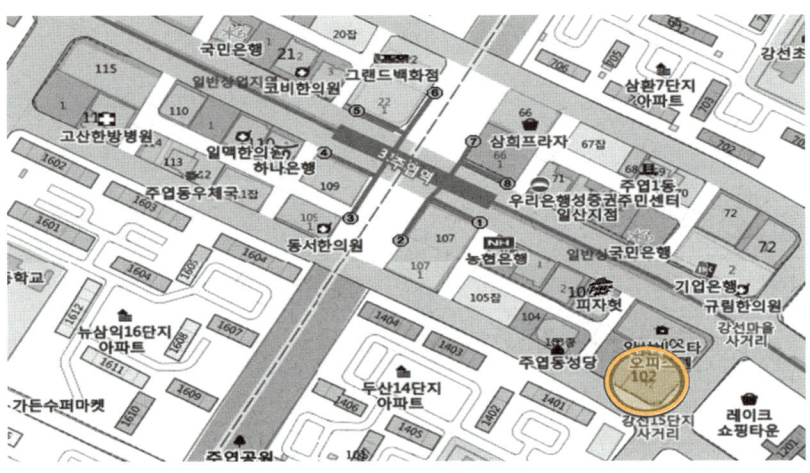

▌ 경매물건의 위치 ▐

오피스텔은 임대료가 대동소이하다. 저층이거나 남향이 아니라고 해서 크게 싸지 않다. 따라서 저렴하게 구입하면 투자금이 줄어 수익률은 그만큼 올라간다.

■ **현황**

지역에서 유명한 빵집이 1층에 자리 잡고 있어 후면이라도 나쁠 것이 없었다. 다만 외관이 오래되고 창호가 구식이어서 열효율은 떨어질 것으로 보였다. 그러나 원래 상태에서도 임대를 놓는 데는 전혀 문제가 없었고 임대료도 나쁘지 않았다. 약간의 리모델링을 한다면 임대료는 올라갈 수 있는 상황이었다.

‖ 경매물건의 외관 ‖

대출 한도가 70%까지 나오던 시절이므로 보유 자금을 고려해 20개 정도의 물건에 입찰했다. 이처럼 저렴한 오피스텔이 흔치 않았기에, 욕심 부리지 않고 시세 대비 90% 선에서 입찰가를 썼다. 1개 물건당 5~10명 정도가 입찰했고 그중 18개를 낙찰받았다.

☐	12-14131 (15) 오피스텔	경기도 고양시 일산서구 주엽동 102-2, 블루힐132동주오피 스텔 5층 501호 [대지권 5.99㎡, 건물 28.19㎡ / 유치권신고]	62,000,000 43,400,000 57,310,000	낙찰 (70%) (92%)
☐	12-14131 (16) 오피스텔	경기도 고양시 일산서구 주엽동 102-2, 블루힐132동주오피 스텔 5층 502호 [대지권 5.99㎡, 건물 28.19㎡ / 유치권신고]	62,000,000 43,400,000 57,310,000	낙찰 (70%) (92%)
☐	12-14131 (17) 오피스텔	경기도 고양시 일산서구 주엽동 102-2, 블루힐132동주오피 스텔 5층 503호 [대지권 5.99㎡, 건물 28.19㎡ / 유치권신고]	62,000,000 43,400,000 57,310,000	낙찰 (70%) (92%)
☐	12-14131 (18) 오피스텔	경기도 고양시 일산서구 주엽동 102-2, 블루힐132동주오피 스텔 5층 504호 [대지권 6.31㎡, 건물 29.73㎡ / 유치권신고]	65,000,000 45,500,000 58,310,000	낙찰 (70%) (90%)
☐	12-14131 (24) 오피스텔	경기도 고양시 일산서구 주엽동 102-2, 블루힐132동주오피 스텔 6층 601호 [대지권 5.99㎡, 건물 28.19㎡ / 유치권신고]	62,000,000 43,400,000 58,310,000	낙찰 (70%) (94%)
☐	12-14131 (25) 오피스텔	경기도 고양시 일산서구 주엽동 102-2, 블루힐132동주오피 스텔 6층 602호 [대지권 5.99㎡, 건물 28.19㎡ / 유치권신고]	62,000,000 43,400,000 58,310,000	낙찰 (70%) (94%)
☐	12-14131 (26) 오피스텔	경기도 고양시 일산서구 주엽동 102-2, 블루힐132동주오피 스텔 6층 603호 [대지권 5.99㎡, 건물 28.19㎡ / 유치권신고]	62,000,000 43,400,000 58,310,000	낙찰 (70%) (94%)
☐	12-14131 (27) 오피스텔	경기도 고양시 일산서구 주엽동 102-2, 블루힐132동주오피 스텔 6층 604호 [대지권 6.31㎡, 건물 29.73㎡ / 유치권신고]	65,000,000 45,500,000 60,310,000	낙찰 (70%) (93%)

‖ 입찰 결과 ‖

■ 리모델링

낙찰받은 물건이 18개나 되다 보니 리모델링을 할 때 좋은 점이 많았다. 자재 본사에 직접 연락해서 업체에 준하는 저렴한 가격으로 구입해 공사를 진행할 수 있었던 것이다. 플로어링 바닥재와 벽지 등 대규모 공사는 일괄 처리하고 몰딩, 창틀 등의 페인트는 손수 칠해 하나씩 마무리 지어 가면서 임차 계약을 체결했다. 물건이 많아 급할 것도 없었다.

오피스텔 18채에 페인트를 칠하는 것은 생각보다 쉽지 않다. 쇼호스트는 방송을 끝내고 시간이 될 때마다 와서 작업복으로 갈아입고 페인트 칠을 했다. 20대의 나이에 공사비용을 줄이겠다고 직접 땀 흘려가며 일하는 모습을 보니 대견한 마음이 들었다. 그래서 필자도 아이들을 데려가 6개 호실의 몰딩과 창틀 페인트칠을 도와주었다.

오래전 일이라 아쉽게도 당시의 공사 사진은 남아 있지 않다. 사진으로 보여주지는 못하지만 18개 모두 성공적으로 임대 계약을 체결했다. 일부는 일산 킨텍스 전시장에 오는 사람들에게 단기로 빌려주기도 했다. 지금으로 치면 게스트하우스처럼 운영한 셈이다. 리모델링으로 각 호실당 약 100만 원이 추가로 소요되었다.

리모델링 전 임대 시세는 30만~35만 원이었으나 리모델링 후에는 45만~50만 원으로 뛰었다. 단기 임대는 월 60만~65만 원 선으로, 18개 호실의 임대료를 모두 더해보니 이자 비용을 제하고도 월세 수입이 230만~270만 원 발생했다. 중개수수료와 자연 공실을 감안하면 이보다 더 적게 들어올 때도 있지만, 3개월 동안 직접 전등을 갈고 페인트도 칠하면서 만든 '임대료 월급 통장'이기에 큰 의미가 있다.

10 공매는 20대에 마스터하자

20대는 학교를 벗어나 사회생활을 시작하는 시기여서 변화가 많다. 젊은 만큼 열정도 크고 활동도 많은 때다. 아무리 재테크가 중요하다 해도 현실적으로 많은 시간을 할애하기는 힘들다. 그래서 공매가 20대에 가장 적합한 재테크 수단이 될 수 있다.

공매는 세금체납자들의 재산을 압류해 미납된 세금을 환수하기 위한 제도다. 아무래도 경매보다는 압류물건 수가 적다 보니 실수요자나 투자자 대부분은 경매를 더 선호하는 편이다. 그러나 직장인에게는 경매보다 더 많은 장점을 가진 것이 공매이므로 자세히 살펴보기로 하자. 공매를 20대의 부동산 재테크 수단으로 추천하는 이유를 정리하면 다음과 같다.

❶ 온라인 입찰

경매는 진행되는 물건이 많아 선택의 폭이 넓은 대신, 입찰하려면 해당 물건의 관할 법원에 직접 가야 하는 불편함이 있다. 따라서 매번 반차나 월차를 쓰지 않는 한 직장인이 현실적으로 경매를 하기란 쉽지 않다. 이에 반해 공매는 '전자입찰' 방식이다. 인터넷 뱅킹을 하듯이 컴퓨터에 접속해 입찰을 끝마칠 수 있다. 컴퓨터 앞에 앉아 전국의 부동산에 자유롭게 입찰할 수 있다는 점은 공매의 가장 큰 매력이다.

❷ 온라인 입찰

제목이 바뀌어야 하는 게 아닌가? 아니다. 두 번째 이유도 '온라인 입찰'이다. 온라인 입찰은 나이가 많은 사람들에게 일종의 진입장벽이다. 방식 자체가 생소한 데다 인증서 등록도 쉽지 않다. 그래서 공매는 컴퓨터에 익숙지 않은 세대의 참여가 적은 편이다. 이는 20대에게 기회로 작용한다. 그만큼 블루오션이라는 뜻이다. 경매보다 응찰자가 상대적으로 적으면 경쟁률도 낮아져 입찰가가 보수적인 성격을 띤다. 꼭 그런 것은 아니지만 동일한 물건이라도 공매로 진행 시 경매보다 낙찰가가 더 낮게 나오는 편이다.

❸ 소액 투자가 가능

경매는 담보 물권에 기한 부동산 경매가 대부분이다. 담보 가치를 갖는 부동산에 대한 매각 절차다 보니 거래 금액이 큰 편이다. 그러나 공매는 세금 체납에 의한 압류이므로 대상이 부동산, 동산 등 다양하다. 압류 대상뿐만 아니라 금액대도 다양해 소액 투자자도 참여할 수 있는 물건들이 있다. 뒤에 소개할 '물품 공매'도 그중 하나다.

❹ 경매 사전 연습

공매는 경매의 절차를 대부분 가져왔기 때문에 공매만을 별도로 가르치는 학원은 거의 없다. 경매를 알면 공매도 기본은 할 수 있기 때문이다. 경매물건 수가 압도적으로 많아서 나중에는 경매에 더 관심을 가지게 된다. 그러나 20대는 자본이 넉넉지 않고 시간도 자유롭지 않으므로, 경매를 미리 연습해 보는 기회로 공매를 이용하면 좋다.

그렇다면 공매에 단점은 없을까? 여러 장점에도 불구하고 공매를 좀 안다고 하는 사람들이 "공매가 경매보다 더 어렵다"라고 이야기하는 몇 가지 이유가 있다.

❶ 권리분석의 책임은 전적으로 낙찰자에게

공매물건을 검색하다 보면 빠지지 않고 눈에 띄는 말이 "권리분석의 모든 책임은 전적으로 낙찰자에게 있다"는 것이다. 경매도 분명 권리분석에 대한 책임은 낙찰자에게 있다. 그런데 경매와 무엇이 다르기에 공매에서는 유독 이 말이 모든 물건에 꼬리표처럼 달려 있는 것일까?
공매는 엄밀히 따지면 채권자가 국가다. 따라서 매각 절차 등이 채권자인 국가에 더 유리해 입찰자에게는 경매보다 까다롭게 느껴지는 것이다.

❷ 2배나 빠른 매각 속도

경매와 공매는 큰 틀에서는 동일하지만 세부적으로 몇 가지 차이가 있다. 대표적인 것이 기간별 저감률이다. 경매는 지역에 따라 20~30%의 저감률을 적용한다. 유찰되면 매각 기일이 다시 잡히는 데 한 달 정도 걸린다. 즉 경매는 한 달 기준으로 20~30%씩 가격이 내려간다. 이와 달리 공매의 저감률은 10%다. 경매보다 저감률은 낮지만 기간은 훨씬 짧다. 일주일마다 입찰이 진행되기 때문이다. 매주 월~수요일에 입찰이 있으므로, 공매는 한 달을 기준으로 하면 가격이 40% 내려간다.

감정가에서 시작한 최저가가 감정가의 반 토막으로 떨어지기까지 걸리는 기간이 경매의 경우 서울은 3개월, 경기도는 2개월 정도라면 공매는 한 달 정도라고 보면 된다. 공매의 매각 속도가 서울 기준으로 경매보다 3배나 빠른 셈이다. 매각 속도가 빠르면 그만큼 물건을 검토하는 시간이 짧아, 초보자에게는 어렵게 다가올 수밖에 없다.

❸ 명도 책임이 전적으로 낙찰자에게

공매의 '아킬레스건'이라고 불리는 부분이다. 경매든 공매든 낙찰을 받으면 기존의 부동산 점유자를 내보내는 '명도' 과정을 밟는다. 경매에는 경매 활성화를 위해 마련된 '인도명령'이라는 제도가 있다. 소유자, 채무자 등 낙찰 부동산에 대해 권리를 주장할 수 없는 사람들을 복잡한 명도소송 절차 없이 법원이 발부한 '인도명령 결정문'으로 내보낼 수 있는 제도다. 명도의 어려움이 크게 줄어든 것이다.

그러나 공매에는 인도명령 제도가 없다. 더 정확히 말하면 공매, 경매 모두 원래는 명도소송 절차를 거쳐야 하나, 경매에만 인도명령이라는 편의를 제공했다는 표현이 맞다. 일반 매매 시장에서도 임차인이 월세를 안 낸다고 해서 강제로 문을 열거나 짐을 뺄 수는 없다. 따라서 명도는 경매·공매에만 있는 위험 요소가 아니다. 모든 부동산에 적용되는 리스크다. 다만 이 책에서는 경매와 공매만을 비교하고 있으므로, 명도만 놓고 보면 공매가 더 까다롭다고 보면 된다.

여기서 한 번 더 생각해 보자. 토지는 임차인이 없다. 고로 명도의 어려움도 없다. 상가도 공실이라면 명도할 임차인이 없다. 설령 임차인이 있다 해도 상가는 투자를 목적으로 낙찰받는 것이기 때문에 재임대가 목적이어서 마찬가지로 명도할 필요가 없다.

결국 공매에 있어 명도의 리스크는 '주택'으로만 좁혀진다. 아파트, 빌라, 단독주택 같은 주거용 부동산은 명도의 어려움이 있으니 피하고, 토지와 상가는 공매라도 큰 어려움이 없으니 도전해 보자. 장점에 집중하면서 단점을 최소화하면 20대에게 공매는 좋은 재테크 전략이 되어줄 것이다.

그럼 공매는 어떻게 시작해야 할까? 공매 입찰절차는 몇 가지를 제외하고는 경매 입찰절차를 대부분 따르고 있다. 현재는 절차상 경매와 큰 차이가 없는데, 두드러지는 차이점 몇 가지만 체크해 보자.

❶ 법원이 아닌 전용 온라인 사이트에서 입찰

공매 입찰을 위한 공식 사이트가 바로 '온비드(www.onbid.co.kr)'로, 공매 담당기관인 한국자산관리공사(KAMCO, 이하 캠코)가 직접 운영하는 사이트다. 캠코 본사는 강남에서 몇 년 전 부산으로 이전했다. 유료 정보 사이트에서도 공매 정보를 제공하고 있으나 가급적 온비드 사이트에 직접 접속해서 검색해 보기를 권한다. 부동산 외에 준부동산, 공공기관의 임대·매각 물건 등에 대한 정보도 종합적으로 제공하기 때문이다.

‖ 온비드 사이트 ‖

❷ '매각 & 임대'의 두 가지 형태

공매에는 경매에서는 찾아볼 수 없는 '임대'라는 형태가 있다. 지하철, 학교, 공원 등에 있는 점포를 임대하려면 어디서 해야 할까? 바로 온비드에서 입찰한다. 개인이 아닌 국가나 공공기관 소유의 공공시설이기 때문에 매각이 아닌 임대(대부)로 진행되는 것이다.

최근에는 코로나19 사태로 지하철 역사에 입점한 점포들의 공실이 늘고 있다. 얼마 전까지도 영업하던 지하철 역사 내 점포들이 문을 닫고 입찰을 준비 중이다. 지하철 역사를 지나다 보면 다음과 같은 공고문을 심심찮게 볼 수 있다(70쪽 사진 참조). 물론 아는 사람 눈에만 보인다. 경쟁 여부에 따라 생각보다 낮은 임대료로 수많은 사람이 오가는 지하철 역사에 창업할 수 있다는 것은 무척 매력적이다. 학생 수 감소로 임대 또는 매각되는 폐교를 낙찰받아 갤러리, 문화시설 등으로 변모시킨 사례도 많다. 온비드를 통하면 생각보다 많은 창업 기회가 있다.

‖ 공실이 난 지하철 상가 & 공매 입찰 준비 공고문 ‖

❸ **자동차, 물품(기계·기타), 권리·증권**

자동차는 경매로도 진행되기 때문에 별다를 것이 없지만 권리·증권은 다소 생소할 수 있다. 체납자가 금전 대신 물건으로 세금을 납부할 수 있는 것이 바로 물납 제도다. 권리·증권은 유가증권으로서 가치가 있기에 세금 대신 받아주는 것이다.

세금 대신 받은 주식도 온비드에서 매각되는데, 낙찰가율이 평균 20% 수준으로 낮은 편이다. 세금을 내지 못할 정도라면 재정 상태가 좋지 않다는 뜻이므로 본래의 주식 가치보다 현저히 낮게 낙찰이 되는 것이다. 이 때문에 기업합병을 전문으로 하는 이들에게 좋은 투자처가 되기도 한다. 온비드를 통해 재정 상태가 일시적으로 악화된 회사의 주식을 매입했다가, 향후 정상화되어 본래의 가치대로 회복하기를 노리는 것이다.

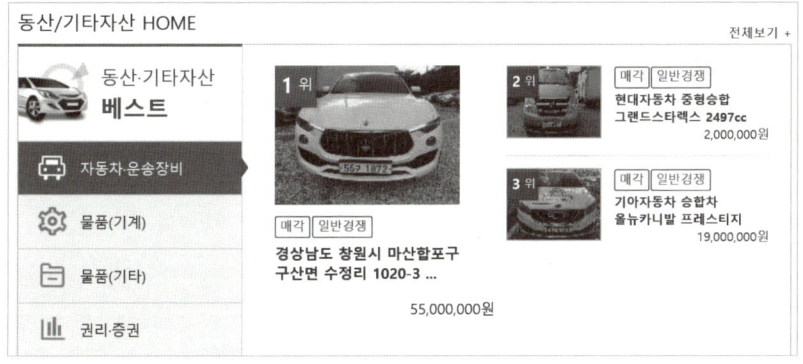

‖ 온비드의 동산·기타 자산 공매 페이지 ‖

11 명품 가방 사러 가자_물품 공매

공매 중 가장 접근하기 쉬운 물품 공매를 살펴보자. 아래의 사례는 2018년 7월에 진행된 압류동산 공매로, 경기도 내 8개 지자체에 보관된 압류 물품 500여 개에 대한 공매가 진행되었다. 명품 가방, 명품 시계, 귀금속, 골프채, 양주 등 다양한 물품이 나왔다. 낙찰 대금은 현금 또는 계좌 이체로만 지불 가능했으며, 낙찰액은 모두 체납된 세금을 납부하는 데 귀속되었다. 물품의 특성상 온라인으로 입찰하지 않고 현장에서 매각이 진행된다는 점에서 경매와 비슷한 면이 있었다.

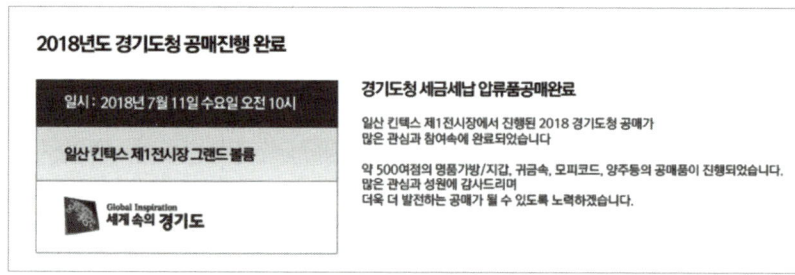

▎2018년도 경기도청 지방세 체납자 압류동산 공매 완료 안내문 ▎

① 줄을 서시오!

② 많은 물건들이 나왔네! 저거 어때?

③ 입찰서 작성해서 제출해 주세요~

④ 개찰, 입찰서 취합

⑤ 낙찰 허가가 나면 수납 후 물건 인도받기

▌압류동산 공매 절차 & 방법 ▌

2018년도 지방세 체납자 압류동산 공매

- 주최: 경기도

- 참여 기관: 경기도 내 8개 지자체

- 일정

  10:00~11:00 공매물건 공개

  11:00~11:30 공매물건 관람 및 입찰서 제출

  11:30~12:00 입찰서 제출(12:00 마감)

  12:00~14:00 입찰서 취합, 개찰

  14:00~15:00 낙찰 허가, 수납, 물건 인도

- 물품: 명품 가방, 명품 시계, 귀금속, 골프채, 양주 등
- 입찰보증금: 없음
- 낙찰 대금: 현장에서 현금 지급, 계좌 이체
- 물품 수령: 현장에서 수령
- 감정 평가: 정품만 진행. 정품보증서 제공(개런티 카드)
- 보증 기간: 평생
- 보증 한도: 위조품 판명 시 200% 보상 적용

당시 필자가 가르치던 수강생들과 함께 일산 킨텍스에서 진행된 압류동산 물품 공매에 참여했다. 공매는 오전 10시부터 시작되었는데, 넓은 전시장 내부를 꽉 채울 정도로 참여자가 많았다. 두 번째라 첫 참여 시 놓쳤던 부분에 집중하기로 했다. 처음 압류동산 공매에 참여했을 때는 명품 가방에 입찰했었다. 끝나고 결과를 보니 금 관련 상품의 낙찰가율이 생각보다 낮은 편이었다.

처음 참여할 때는 채무자 집에서 압류한 목걸이, 반지 등이 많았다. 감정가는 세공비를 모두 제외하고 순금일 때의 가치로만 책정한다. 아울러 감정가의 50% 선에서부터 최저가가 매겨진다. 낙찰가율은 80% 선으로, 오늘 낙찰받아 내일 금거래소에 팔아도 20% 이상의 수익이 날 만큼 낙찰가가 높지 않았고, 낙찰 건수

▌압류동산 공매 배너 ▌

도 많지 않았다. 돌이켜 보면 다들 공매 경험이 없어서 보수적으로 참여했던 것 같다.

두 번째로 참여한 공매에서는 당일 진행되는 금 관련 물품에 모두 입찰하기로 했다. 그럴 수 있었던 이유는 경매와 달리 입찰보증금이 없기 때문이다. 공매물건은 약 80건으로, 수강생 20여 명이 각자 200만 원가량을 현금으로 준비해 입찰장에 모였다. 전시장 안에는 압류된 골프채, 명품 가방, 보석류 등이 3개의 벽면을 두르고 있었다. 현장에는 각 지자체에서 입찰금액 수령, 물품 전시 등의 업무를 위해 담당 공무원들이 나와 있었다.

10시쯤 도착하니 입찰서 제출 마감인 12시까지 2시간쯤 여유가 있었다. 우리는 금 입찰이 목적이었으므로 간단히 해당 물품을 둘러본 후 한자리에 모이기로 했다. 앉을 곳이 부족해 참여자 대부분은 전시장 바깥 복도 바닥에 앉았다. 우리도 구석 쪽에 자리를 잡고 본격적으로 당일의 금 시세를 확인하기 시작했다. 수수료와 매각 시세까지 고려해 입찰가의 범위를 정했고, 82장의 입찰서를 작성해야 했기에 각자 나눠서 썼다. 입찰서를 작성한 후에는 본인이 작성한 물건의 입찰함을 찾아 넣었다.

입찰 창구가 따로 있는 것이 아니라 압류 물품 앞에 번호가 매겨진 철제 입찰함이 있었다. 입찰함 구멍이 생각보다 커서 안에 든 입찰서 내용이 보이는 경우도 있었다. 마음만 먹으면 입찰가도 충분히 볼 수 있을 정도였다. 자주 진행하는 것이 아니다 보니 운영 상황이 체계적이지 않았고, 참여자들도 크게 개의치 않는 분위기였다.

■ **개찰**

82개의 금 물품에 모두 입찰했다. 이 중 몇 개나 낙찰받게 될지는 몰라도, 낙찰받은 물건을 바로 매각해 소소하게나마 수익을 낼 수 있길 기대하며 즐거운 마음으로 다 함께 기다렸다. 순서대로 개찰이 진행되고, 전시장 정면 벽을 가득 채운 스크린에 입찰 결과가 발표되었다. 눈을 크게 뜨고 살펴보았지만 수강생들의 이름은 눈에 띄지 않았다. 82개 중 낙찰은 단 한 건도 없었다. 이럴 수도 있을까 싶었다.

결과가 발표된 후 확인해 보니 종로에 있는 금은방들이 몰려왔다는 것을 알게 되었다. 그래도 82개 모두 낙찰에 실패한 것은 이해가 되지 않았다. 당일 금값을 기준으로 최대한 가격을 높여서 입찰했기 때문이다. 금은방들이 써낸 입찰가는 시세라고 해도 무방할 만큼 높았다. 그렇게 낙찰받아도 과연 수익이 나는 것일까?

그러나 우리는 못 해도 그들은 할 수 있는 게 있었다. 일반적으로 개인이 금은방에 금을 팔면 공임을 뺀 금액을 받는다. 반면 금은방은 공임이 포함된 완성품을 팔 수 있으니, 시세와 동일한 금액에 낙찰을 받아도 공임비만큼 이득이 발생하는 것이다. 그렇게 우리는 단 한 건의 금도 낙찰받지 못했다.

처음 공매가 진행될 때만 해도 많은 사람이 공매를 알지 못했고, 참여자도 적어서 금이 매력적인 금액에 낙찰되었다. 하지만 이제는 금 판매를 전문으로 하는 사람들이 참여하다 보니 일반인이 수익을 내기가 어려워졌다. 그 대신 골프채나 명품 가방, 금이 아닌 보석류 등은 아직도 시세의 50% 선에서 감정가가 책정되어 가벼운 마음으로 참여해볼 수 있다. 앞으로 더 많은 이들이 가벼운 마음으로 즐기듯이 물품 공매에 참여해 보면 좋을 듯하다.

❶ 버버리 가방

입찰을 끝내고 나니 다시 모이기로 한 시간까지 30분 정도가 남았다. 80개가 넘는 금붙이에 신경 쓰느라 정작 필자가 입찰할 물건은 볼 겨를이 없었다. 그제야 한숨 돌리고 나서 입찰하고 싶었던 가방과 시계를 둘러보았다. 그중 커다란 가죽 가방이 눈에 들어왔다.

버버리 제품이지만 사이즈가 약 35×50㎝로 커서 여성들이 선호하는 크기는 아니므로 응찰자가 적을 것이라고 판단했다. 최저가는 20만 원. 담당자에게 가방을 볼 수 있냐고 물어보니 흰 장갑을 끼고 가방 안쪽까지 열어서 보여주었다. 자세히 봐야만 알 수 있는 표면의 흠을 빼고는 사용한 흔적이 전혀 없었다.

- 모델명: 버버리 숄더백

- 감정가: 20만 원

- 제품 형태: 중고품

- 감정 결과: 진품

중고 명품 사이트를 열어서 시세를 체크해 보았다. 역시나 선호하는 사이즈가 아니어선지 비슷한 제품을 찾을 수가 없었다. 감정 가격이 낮으면 오히려 더 고민이 된다. 어느 정도를 더 써야 낙찰이 될지 알 길이 없기 때문이다. 단순하게 생각하기로 했다. '손해 보지 않을 가격을 생각하자.' 이 정도 사이즈면 명품이 아닌 일반 가죽 가방이라도 최소 30만 원 넘게 줘야 살 수 있기에 32만 원에 입찰했다.

‖ 공매 물품의 목록 및 상세 이미지 ‖

의뢰물품상세정보

감정번호	LSN12018894
브랜드	Burberry
물품구분	가방
모델명	버버리 숄더백
원산지	
부속품	
구매쇼핑몰	
사진등록일	2018/07/12

물품감정정보

제품형태	새제품 / 중고품
감정결과	정품 / 위조품 / 보증불가
보증기간	평생보증
보증한도	가품 판명시 200% 보상적용

감정노트

공매감정의 경우 위조품을 제외한 정품만이 공매에 나오게 되며 제품의 컨디션, 사용감에 따라 시세보다 저렴한 가격으로 공매금액이 책정됩니다.

가품의 경우 장식이 조잡하며 고유코드가 없거나 있어도 다름. 소재나 부자재의 질이 현저히 떨어짐. 가죽의 경우 가죽의 질이 떨어짐.

▮ 공매 물품에 대한 상세 정보 및 감정 정보 ▮

■ **입찰 결과**

입찰자: 2명

낙찰가: 32만 원

두 명이 입찰했다. 결과는 낙찰. 2등은 28만 원을 썼다. 순간 '좀 높게 썼나' 싶었지만 이내 그 생각을 버리기로 했다. 경매, 공매에 참여하는 사람은 싸게 샀다는 점만 생각해야 한다. 얼마나 더 싸게 살 수 있었는지를 곱씹으면 속상해서 경매, 공매를 할 수가 없다. 앞서 이야기했듯이 32만 원에 버버리 가죽 가방을 살 수는 없기에 대만족이었다.

■ **진품 감정**

혹시 공매로 나온 물품 중에 가짜도 있을까? 이를 방지하기 위해 감정평가업체에 의뢰해 진품 여부를 판별하게 한다. 명품을 감정할 수 있는 업체여야 하고, 관련 노하우를 가진 곳이 많지 않아 공매로 진행되는 명품 감정 대부분을 '라올스 명품감정원'라는 업체에서 담당한다. 압류동산 공매 소식은 온비드에서도 확인할 수 있지만 라올스 명품감정원 홈페이지(www.laors.co.kr)에서 확인하는 것이 더 좋다. 정리가 훨씬 잘되어 있기 때문이다. 캠코에서 의뢰받은 물건은 정품보증서가 개런티 카드 형태로 제공된다. 그럼에도 가품으로 밝혀지면 캠코에서 2배 높은 가격으로 되사기 때문에, 참여자들 사이에서는 가짜를 낙찰받으면 대박이라는 말이 있다.

❷ 까르띠에 시계

생각보다 많은 명품 시계가 공매로 나왔다. 세금 체납으로 압류된 귀금속은 대부분 사용 흔적이 없어 새것이나 진배없다는 특징이 있다. 황금열쇠, 진주, 다이아몬드 등의 귀금속은 사용하기 위해서가 아니라 자산으로 보유하는 성향이 강하기 때문으로 판단된다. 귀금속은 중고지만 중고 같지 않은 물품이어서 공매가 더 매력적이다.

- 모델명: 까르띠에 시계/ 탱크 S
- 담당 기관: 용인시
- 감정가: 110만 원
- 제품 형태: 중고품
- 감정 결과: 진품

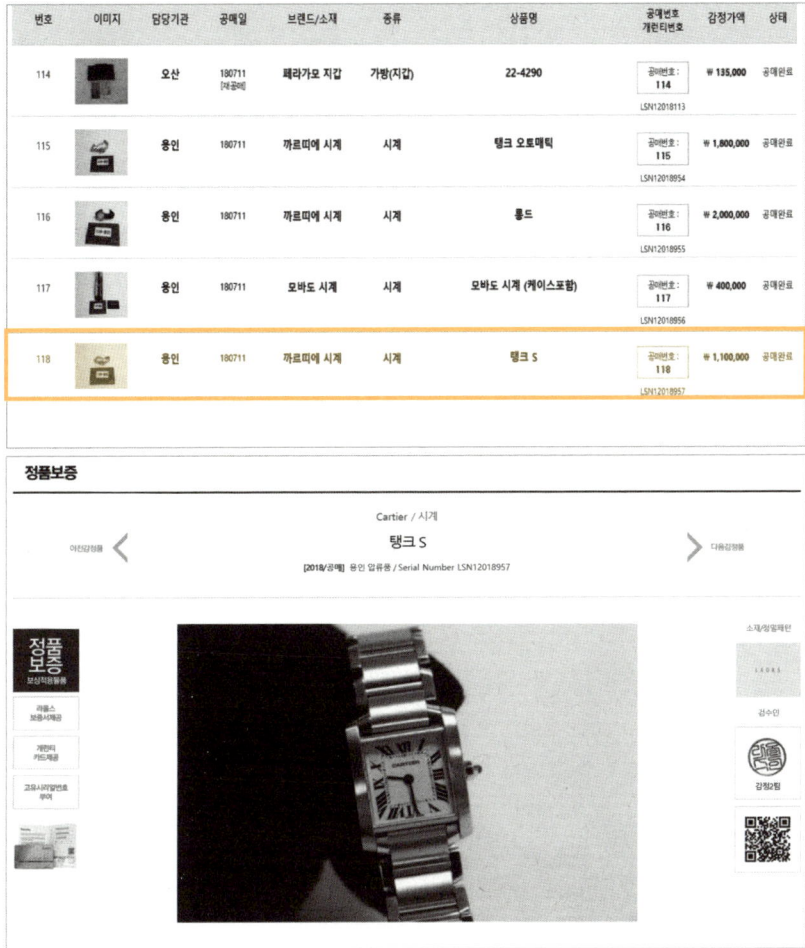

∥ 공매 물품의 목록 및 상세 이미지 ∥

의뢰물품상세정보		물품감정정보	
감정번호	LSN12018957	제품형태	새제품 / 중고품
브랜드	Cartier	감정결과	정품 / 위조품 / 보증불가
물품구분	시계	보증기간	평생보증
모델명	까르띠에 시계	보증한도	가품 판명시 200% 보상적용
원산지		감정노트	
부속품		공매감정품의 경우 위조품을 제외한 정품만이 공매에 나오게 되며 제품의 컨디션, 사용감에 따라 시세보다 저렴한 가격으로 공매금액이 책정됩니다.	
구매쇼핑몰			
사진등록일	2018/07/12	가품의 경우 장식이 조잡하며 고유코드가 없거나 있어도 다름. 소재나 부자재의 질이 현저히 떨어짐. 가죽의 경우 가죽의 질이 떨어짐.	

▎공매 물품에 대한 상세 정보 및 감정 정보 ▎

- **입찰 결과**

입찰자: 총 3명

낙찰가: 160만 원

필자가 입찰한 금액이 160만 원이었기에 당연히 낙찰되었으리라고 생각했지만 다른 사람 이름이 스크린에 적혀 있었다.

- **배우자 우선매수**

경매에는 '공유자 우선매수 신청'이 있다. 부동산을 함께 소유한 사람에게 우선매수권을 주는 것으로, 매각 금액의 공정성을 기하기 위해 입찰 후 매각된 금액에 매수할 것인지를 묻는 제도다. 공매에도 이와 유사한 성격의 '배우자 우선매수 신청'이라는 제도가 있다. 세금 체납으로 가재

도구나 생활용품이 압류되는 것이기 때문에, 경매와 동일하게 공개 입찰 후 배우자가 매각 금액에 사 갈 수 있도록 우선권을 주는 것이다. 필자가 입찰한 까르띠에 시계도 배우자 우선매수로 낙찰을 받지 못했다.

그날 공매장 곳곳에서는 잡음이 끊이지 않았다. 그중 가장 말이 많았던 것은 동일한 입찰가로 낙찰자가 두 명이 되었을 때 최종 낙찰자를 정하는 장면이었다. 경매에서는 동일 가격 입찰자들만 다시 입찰해서 더 높은 금액을 써낸 사람을 최종 입찰자로 하고, 그래도 동일한 금액이 나오면 가위바위보를 해서 결정을 짓는다.

이날 공매 현장에서도 동일 가격 낙찰자끼리 가위바위보가 진행되었다. 공동 낙찰자만큼은 아니겠지만 옆에서 지켜보는 사람도 심장이 뛰기는 마찬가지였다. 그런데 가위바위보로 아쉽게 떨어진 사람보다 더 허탈해하는 사람이 있었으니, 결과 발표를 늦게 알고 온 사람이었다. 지자체의 담당자가 이런 상황에 대한 경험이 없었는지, 먼저 와서 대기 중이던 사람이 시간이 없다고 하자 그냥 낙찰자로 정해버린 것이다. 뒤에 온 사람은 당연히 항의했고, 언성이 높아지는 상황이 연출되었다. 이미 결정해 버린 상황을 되돌리자니 낙찰자로 확정되었던 사람도 항의에 나서는 바람에, 이러지도 저러지도 못하는 상황이 전개된 것이다.

그때는 두 번째 현장 공매였고, 지금은 경험이 쌓여서 그런 해프닝이 별로 없을 것이다. 그 당시 현장에서 이 모든 과정을 지켜본 수강생들은 생생한 경험을 할 수 있었다. 입찰했던 금이 모두 패찰되는 바람에 실제로 건진 것은 하나도 없었지만, 누구 하나 기분 나빠 하지 않았다. 다음 기회에 다시 도전하자며 흥미로웠던 공매 입찰을 마무리했다.

1년에 2~4번 압류 공매가 진행되니 기회가 되면 참여해 보기 바란다. 이왕이면 가족과 함께 참여할 것을 적극 추천한다. 정기적으로 열리는 것이 아니므로 온비드 사이트에 회원 등록해 확인하거나 라올스 명품감정원 홈페이지에 접속해 일정을 체크해도 좋다. 2020년에는 코로나 때문에 온라인으로만 진행되었지만, 2021년에는 정상적으로 진행되기를 희망해 본다.

경매로 보는 세상 1

'자동차 자원순환센터'라 불러다오

친환경으로 이미지 바뀐 폐차장 낙찰가율 상승 중

파괴, 소멸, 음산함……. 폐차장 하면 떠오르는 이미지다. 최근 '막장 오브(of) 막장'으로 불리며 인기몰이를 한 드라마에서도 폐차장의 이런 이미지는 고스란히 재현됐다. 그러나 이와 대조적으로 경매 시장에서는 폐차장이 꽤 인기를 끌고 있다.

이례적 낙찰가 1위

코로나로 인한 휴정 이후 한 달여 만에 문을 연 2021년 1월 둘째 주 고양지원 입찰법정. 고양시 일산동구 식사동에 소재한, 경매 시장에서 쉽게 볼 수 없는 한 폐차장의 두 번째 입찰이 진행됐다. 오랜만에 열린 경매여서인지 예상과 달리 폐차장은 5 대 1이라는 비교적 높은 경쟁률을 기록하며 낙찰됐다.

▌1월 둘째 주 낙찰가 1위를 차지한 폐차장 ▌

낙찰가는 감정가인 49억 4,400만 원에 근접한 46억 원으로 낙찰가율은 93%를 기록했다. 이 물건은 1월 둘째 주 전국에서 가장 높은 낙찰가를 기록한 물건에 이름을 올렸다.

코로나로 인한 3주 휴정인 점을 감안하더라도 폐차장이 주별 낙찰가 1위를 차지한 것은 상당히 이례적이다. 2020년 8월 낙찰된 평택시 폐차장의 낙찰가율도 94%를 기록했다.

이제는 친환경

2017년까지만 해도 낙찰가율 50%대를 기록한 물건이 나왔지만 해가 갈수록 폐차장의 낙찰가율은 높아지고 있다. 이처럼 경매시장에서 폐차장의 몸값이 높아진 것은 폐차장에 대한 인식 변화와 더불어 친환경 산업으로의 전환과 관련이 있다.

'자동차를 다시 쓰다.' 코스닥 시장에 상장된 국내 최대 폐차업체의 슬로건이다. 일반적인 폐차장과는 전혀 다른 최첨단 기술이 접목된 깔끔한 작업환경을 갖추고 있으며, 자사의 폐차 시설을 '자동차 자원순환센터'라고 부른다. 아파트형 공장이 지식산업센터가 된 것처럼, 머지않아 폐차장도 친환경 트렌드에 맞춰 자동차 자원순환센터가 될 날이 올 것으로 보인다.

• 라이프사이클 키워드 •
결혼, 내 집 마련, 자산 형성, 학군

• 꼭 검토해야 하는 부동산 재테크 •
내 집 마련 & 비과세 혜택 조건 만들기

• 하면 안 되는 부동산 재테크 •
전세로 계속 살기

01 30~40대 부동산 재테크 전략

30~40대는 인생의 여름이라고 할 수 있다. 새싹이 햇빛을 받고 무럭무럭 자라나듯, 자산 형성이 가시화되는 시기다. 이 시기에 가장 중요한 이슈는 '내 집 마련'일 것이다. 결혼을 준비하며 부동산에 관심을 갖게 되는 전환점이기도 하다. 이른 나이에 결혼해 내 집 마련에 대한 검토가 빨랐던 사람은 부동산에 일찍 눈뜸으로써 그렇지 못한 또래에 비해 자산형성 속도도 빨라진다. 물론 전세 기간을 길게 가져간 이들은 부동산을 소유한 것이 아니기 때문에 자산 상승의 결실을 얻지 못했을 것이다. 30대에 가장 집중해야 하는 것이 내 집 마련임을 명심하자.

아울러 세금을 내지 않아도 되는 비과세 조건을 무조건 충족시키자. 과거에는 거주 요건이 없어서 양도세로부터 훨씬 자유로웠지만, 현재는 2년간의 거주 요건을 충족해야만 부동산 매각 시 부과되는 양도소득세를 면제받을 수 있다. 부동산 가격 상승분 중 일부가 세금으로 줄어들면 보유 자산의 총규모가 작아져서 복리 효과가 줄어든다. 따라서 무조건 내 집 마련과 비과세 요건을 충족시킴으로써 복리 효과를 통한 자산의 최대화를 꾀해야 한다.

30~40대 부동산 재테크 전략 정리

1. 내 집 마련은 필수. 전세 기간 동안 화폐가치 하락으로 인해 현금자산 가치가 떨어지도록 방치하면 안 된다. 따라서 내 집 마련을 최우선 목표로 삼는다.
2. 비과세 요건을 충족해 부동산 상승분을 세금으로 뺏기지 말자. 투자 자금의 규모가 줄어들면 복리 효과도 낮아져서 목표 금액까지 도달하는 시간이 길어진다. 투자 기간이 짧아질수록 경제적 자유를 앞당길 수 있다는 점을 유념하자.
3. 거주하는 주택을 부동산 재테크의 기본으로 삼고, 자녀의 발달 과정과 부동산 사이클을 고려해 주택 매입-매각을 반복함으로써 자산의 크기를 키운다.

02 내 집 마련_최고의 재테크 전략

부부가 한 가정을 이루고 키워가기 위한 첫 단추는 '전세냐, 구매냐'를 결정하는 데서 시작된다. 자금이 넉넉하다면 답은 주택 구입이겠지만, 사정이 넉넉지 않으면 많은 고민을 할 수밖에 없다. 당장 대출을 받아 집을 사느니, 일단 전세로 들어간 후 몇 년 동안 자금을 더 모아서 집을 사는 것이 현명한 선택인 것 같기도 하다.

문제는 집을 사기 위해 돈을 모으는 그 몇 년 동안 화폐가치가 떨어진다는 점이다. 정말 돈이 부족하다면 선택의 여지는 없다. 1억 원 미만의 자금이면 경기권에 전세를 얻어야 할 테고, 서울에 전세를 구한다면 최소한 4억은 있어야 한다. 1억 원 미만의 자금을 가진 예비 신혼부부는 전세밖에 답이 없다. 그러나 1억 2,000만~1억 5,000만 원 선이라면 이야기가 달라진다. 부모 세대가 1980년도부터 해온 재테크 방법인 '갭투자'가 있기 때문이다.

　몇 년 전부터 전세를 끼고 아파트 구입하는 것을 갭투자라는 그럴듯한 용어로 부르며 새로운 투자법인 양 말해왔지만 사실은 그렇지 않다. 과거 아파트를 분양받은 후 새집에 들어가고 싶지만 돈이 부족해서 못 들어가고, 다른 사람에게 빌려줄 수밖에 없는 사람이 더 많던 시절이 있었다. 내 집인데 내 집이라 부르지 못하고, 전세 임차인은 새집에 들어가 사는데 집주인인 자신은 헌 집에 전세로 사는 신세가 아이러니하게 느껴지기도 했을 것이다. 시간이 지나 부동산 가격이 오르면 세입자는 돈을 더 내고 그 집에 계속 살든지, 올려줄 돈이 없으면 다른 집을 구해야 했다.

　주택 구입자금이 많지 않은 사람은 '전세를 끼고 집을 사는 것 = 투자' 외에는 답이 없다. 이것이 바로 갭투자다. 떨어지는 화폐가치를 따라잡을 수 있을 만큼 연봉이 오르거나 돈을 모을 수 없다면 자신이 속한 계층은 변하지 않는다. 현재 가진 돈이 1억 2,000만 원이고 연간 물가상승률을 대략 3%로 잡는다면, 1년 후 1억 2,360만 원이 통장에 있어야 1년 전 1억 2,000만 원과 가치가 동일하다는 계산이 나온다. 2년 뒤면 이 금액은 1억 2,730만 원으로 뛴다.

　여기에 은행 금리도 고려해야 한다. 사람들은 은행에서 돈을 빌린다. 왜일까? 그 돈을 빌려서 더 큰 수익을 낼 수 있기 때문이다. 그러니 주식 투자, 부동산 투자, 사업은 물가상승률과 은행 이자를 더해서 그 이상의 수익이 발생해야 한다는 전제조건이 붙는다. 현재 기준 은행금리 1%와 물가상승률 2% 등을 감안해 적어도 3% 이상의 수익이 나온다면 사람들은 은행에 돈을 넣지 않고 그 돈을 활용하게 될 것이다.

이 때문에 실물 자산인 부동산은 적어도 물가상승률 이상으로 가격이 오른다. 정확히는 부동산의 가치가 오르는 것이 아니라 화폐 자산인 돈의 가치가 떨어지는 것이다. 돈의 가치가 떨어지는 한 부동산의 가격은 올라가게 되어 있다. 이를 감안해 부동산 재테크의 1순위는 '내 집 마련'이 되어야 한다. 지금처럼 주택 시장이 상승하는 시기여서 하는 말이 아니다. 부동산이 상승, 하락, 조정 중 어느 구간에 속해 있건, 자신이 가진 돈은 매년 가치가 떨어지고 있다는 점만 기억하면 된다.

시중금리와 물가상승률을 합해 대략 5%를 기준으로 하면 2년 뒤 1억 2,000만 원짜리는 1억 3,230만 원짜리가 된다. 그러나 전세로 살면 2년 뒤 돌려받는 금액은 원래 보증금인 1억 2,000만 원뿐이다. 그리고 보증금을 돌려받을 시기가 되면 전셋값은 올라가 있을 것이다.

한번 전세로 살게 되면 임대 기간이 만료될 때마다 전세금을 올려주느라 늘 자금이 부족해 영영 집을 살 수 없는 악순환이 반복된다. '현명한 선택'이라고 믿었던 과거의 판단이 자신이 가진 돈의 가치를 계속 갉아먹는 결과를 낳고 만다. 그런데도 전세로 살 것인가? 1년마다 자신의 돈을 가치 없게 만들면 수년 뒤에는 엄청난 자산 격차가 발생하게 된다. 전세와 주택 구입 중 무엇이 답인지는 너무나 명확하다.

그다음에는 절세 전략을 고민해야 한다. 정말 필요해서 집을 산 실수요자들에게는 집값이 오르더라도 상승분에 대해 과세하지 않는 것이 세금의 기본 원칙이다. 그래서 거주하기 위해 구입한 한 채의 주택에 대해서는 집을 팔아 얻은 이익에 세금을 물리지 않는다. 이것이 바로 '1주택 비과세 혜택'이다. 그러니 가능하면 이 최고의 혜택을 반드시 누릴 수 있도록 조건을 만들어야 한다.

'주택 구입 + 실거주.' 이 조건을 충족시키는 것이 부동산 투자의 첫걸음이자 최고의 방법이다. 우선 자금 상황에 맞춰 비과세 조건이 될 수 있는 집을 찾는 것이 1순위다. 그러려면 아무래도 경기권의 아파트를 구입해야 하고 출퇴근의 편리함은 포기해야 한다.

만약 경기도 지역까지 고려했는데도 도저히 자금 여력이 안 된다면 어떻게 해야 할까? 전세로 전략을 바꿀 것이 아니라 전세를 끼고 집을 산 뒤 본인은 출퇴근이 편한 곳에서 월세로 살아야 한다. 당연히 월세 비용이 아깝지 않을까 하는 의문이 든다. 하지만 그 비용을 모두 합해도 집값 상승분보다는 적을 확률이 더 높다.

모든 아파트가 이 범주에 들어가는 것은 아니므로 이 지점부터는 전문 지식이 필요하다. 월세 이상 오를 아파트를 구입하지 않으면 이미 지출된 월세 비용 때문에 오히려 총자산이 줄어들 것이기 때문이다.

대부분의 사람은 내 집 마련을 검토하면서 처음으로 부동산에 관심을 가지고 부동산 가격을 알게 된다. 그 전까지 부동산은 그저 자신이 머무는 공간일 뿐이었다. 자신이 사는 공간이, 일하는 사무실이, 식사를 해결하는 상가가 시장에서 어느 정도의 가치를 지니고 있는지 미리미리 공부하는 자세가 필요하다.

필자가 결혼한 29살 당시, 그 누구도 "전세 끼고서라도 아파트를 사라! 그러지 않으면 네 돈이 매년 줄어드는 상황에 놓이게 될 거야"라고 말해주지 않았다. 이제 막 결혼을 시작으로 새로운 삶을 계획하고 있다면 금융 등 경제 지식을 많이 쌓고 내 집 마련을 위해 노력해야 한다.

03 경매로 내 집 마련을 위한 대출 지식

시세보다 싸게 내 집 마련이 가능하기 때문에 경매 공부를 시작하는 사람이 많다. 경매로 싸게 산다는 말은 맞지만 몇 가지 꼭 체크해야 할 사항이 있다.

일례로 가장 많이 받는 질문은 이것이다. "아파트도 경매로 사면 대출이 더 많이 나오나요?" 경매의 장점 중 대출이 많이 나온다는 이야기를 들었기 때문에 아파트도 그럴 거라고 생각하는 것이다. 결론부터 말하면 "아니오!"다. 아파트뿐만 아니라 모든 주택은 경매라도 매매와 동일한 대출 기준을 적용받는다.

담보가치 = LTV(Loan to Value Ratio)

과거에는 주택도 담보가치를 기준으로 대출이 나왔기 때문에 주택담보대출비율(LTV)만 적용하면 낙찰가 대비 최대 90%까지도 대출을 받을 수 있었다. 담보가치만 보기 때문에 은퇴자, 미성년자, 주부도 대출이 가능했다. 이 때문에 투자자와 실수요자의 관심이 집중되자 경매도 매매와 동일한 대출 기준을 적용하도록 바뀌었다. 따라서 매매든 경매든 대출 기준은 동일하다고 보면 된다.

금융부채 상환 능력 = DTI(Debt to Income)

금융부채 상환 능력을 소득으로 따져서 대출 한도를 정하는 계산 비율로 총부채상환비율이라고 한다. 소득 수준에 따라 LTV 한도가 높아도 대출 금액이 낮아질 수 있다. 이로 인해 소득 증빙이 어려운 미성년자, 대학생, 주부, 은퇴자 등에 대한 대출이 현실적으로 어려워졌다.

대출 정보는 최근 많은 사람이 관심을 가지면서 관련 내용이 널리 알려져 있으니 길게 설명하지는 않겠다. 그러나 아래의 사항은 모르는 사람이 많으므로 반드시 체크해야 한다. 내 집 마련을 위해 경매에 입찰하려는 사람들에게 꼭 사전에 체크하라고 당부하는 사항이기도 하다. 이유는 애초에 경매 입찰 자체가 불가능할 수도 있기 때문이다.

입찰 금액에서 대출을 제외한 자금을 '현금'으로 확보하고 있어야 한다. 집을 구입하는 사람들 대부분은 전세 자금을 활용한다. 부모에게서 독립하는 세대가 아닌 이상, 전세로 시작해 자금이 어느 정도 모이면 내 집 마련에 나서기 때문이다. 이것이 왜 문제일까? 경매는 잔금일과 입주일이 다르기 때문이다.

잔금일: 낙찰일로부터 한 달 뒤

입주일: 잔금 납부일(= 소유권 취득일)로부터 한 달 뒤

잔금을 치렀더라도 낙찰물건에 거주하는 사람이 나간 뒤에야 입주할 수 있다. 잔금일에 입주하려면 전 소유자나 임차인과 접촉해 그들이 잔금일에 맞춰서 이사 갈 수 있도록 사전에 협의가 끝나야 한다.

경매 낙찰금액 = 대출 금액 + (전세 금액 + 취득세 등 제 경비)

　전체 인구의 50%가 살고 있는 수도권은 대부분이 규제 지역이어서 9억 원 이하 기준으로 LTV는 50%다. 따라서 대출액 외에 실제 필요한 자금은 매입 가격의 50%다. 전세 자금이 제법 되는 사람은 대출을 끼고 내 집 마련을 한다. 취득세, 법무사 비용 등 경비를 감안해 매입 가능한 주택을 검토하는 과정에서, 경매로 싸게 낙찰받으면 인테리어 비용을 절약하거나 모자라는 금액을 맞출 수 있을 것으로 판단한다.

　그러나 전세 자금을 빼서 경매 낙찰액의 잔금을 치르려면 주의해야 한다. 낙찰자는 일단 살던 전셋집에서 나와야 하는 반면, 잔금을 치러 소유권을 취득한 날에 입주한 사례는 채 20%도 안 되기 때문이다. 의외로 이 부분을 간과하는 사람이 많다. 말을 해도 이해를 못 해 종이에 날짜를 적어가며 설명해야 겨우 이해를 한다. 사실상 이 부분이 경매로 내 집 마련하기를 가장 어렵게 만드는 요인이다.

　구입하려는 주택의 가격이 높으면 높을수록 더 어렵다. 일시적으로라도 잔금을 치를 현금이 있어야 하기 때문이다. 부모님 찬스나 신용 대출을 받을 수 있으면 다행이지만, 그럴 수 없는 사람이라면 경매로 내 집 마련 자체가 불가능하다.

　그럼에도 경매는 급매물 대비 2~10% 저렴하게 주택을 매입할 수 있는 방법이기 때문에, 지금처럼 주택에 대한 관심이 높을 때는 경매에 대한 관심도 커진다.

04 아파트 낙찰가에 대한 오해

많은 사람이 오해하는 것이 있다. 경매를 하면 엄청나게 싸게 낙찰받을 수 있다는 생각이다. 사람들은 하나의 원리를 다른 곳에도 모두 적용하려는 경향이 있는데 이런 오해도 마찬가지다.

부동산은 크게 토지, 주거시설, 상가 등 3개의 축으로 형성되어 있다. 우리나라는 전 국민의 50% 이상이 소유하고 있는 아파트에 대한 관심이 가장 높아서, 아파트에 적용 가능한 기준을 부동산 전반에 적용하는 실수를 저지른다.

결론부터 말하면 아파트 낙찰가율은 대다수가 생각하는 것만큼 낮지 않다. 시기에 따라 다르기는 하지만 급매물과 비교해 보면 아파트 낙찰가는 아파트에 대한 관심이 높을 때는 2~5% 이내, 관심이 낮으면 10~15% 낮은 정도이다. 경매 강연이나 세미나에서는 경매의 장점을 극대화하기 위해 시세와 격차가 큰 사례를 소개하다 보니 경매에 대한 환상을 심어주게 된다.

2018년 이후부터 2020년까지 상승장에서 아파트 낙찰가율은 어땠을까? 눈에 보이는 낙찰가율은 100%를 넘는다. 감정가액보다 낙찰 시점에서의 시세가 상승해 있기 때문에 낙찰가율이 높아진 시기이기도 하다. 이 때문에 낙찰가율만으로 판단하면 안 된다. 급매물 대비 낙찰가는 2~5% 낮은 것이 가장 일반적이다. 경매로 사는데 겨우 2~5% 싸게 낙찰받는다고 하면 다들 실망한다. 하지만 부동산은 가격이 높은 상품이기 때문에 금액으로 환산하면 느낌이 달라진다.

3억 원대 아파트에 적용하면 2~5%는 600만~1,500만 원이고, 6억 원대라면 1,200만~3,000만 원, 9억 원대는 1,800만~4,500만 원이다. 실수요자라면 인테리어 비용이나 취득세 등을 절약할 수 있을 정도의 금액이다. 경매로 아파트를 싸게 낙찰받는 것은 사실이지만 너무 큰 환상을 갖지는 말자. 이런 환상 때문에 입찰가를 쓸 때 오히려 방해를 받는다. 아파트 낙찰 사례는 많이 접했을 테니, 입찰가를 어떻게 써야 하는지 설명하기에 적절한 사례를 살펴보기로 하자.

▪ 이상하게도 용납 안 되는 입찰 금액

예전 수강생 중 한 명에게서 오랜만에 연락이 왔다. 부모님이 은퇴 후 거주할 아파트를 경매로 구입하고 싶다는 것이었다. 서울 중심부로 들어가기에는 자금이 조금 부족하고, 경기도로 가면 자녀가 사는 곳과 너무 멀어진다. 은퇴 후 오랫동안 살아야 하는 집이니 상승 여력도 있어야 했다.

이렇게 복잡한 조건에 부합하는 곳이 바로 천왕역이다. 천왕역과 온수역은 행정구역상 엄연히 서울임에도, 광명시를 지나 위치하다 보니 경기도에 준하는 대접을 받는다. 그러던 곳이 '항동지구 하버라인'이 낮은 분양가로 관심을 끌면서 재평가를 받았다. 일자리가 많은 구로디지털단지까지 지하철 1호선을 타고 20분 내로 출퇴근이 가능하다는 편리함은 있지만 아파트 단지가 없는 구도심이라 가격 상승에서 제외됐었는데, 신축 아파트가 들어서면서 탈바꿈한 것이다.

구로구 천왕동 아파트 경매물건 정보(출처 : 지지옥션)

입찰일이던 2020년 6월 16일은 코로나19의 영향으로 경매 접수된 물건이 소폭 늘어나던 때였고, 부동산에 대한 관심도 낮았다. 경매를 통해 아파트를 낙찰받기에 최적의 시기였다. 천왕이펜하우스 4단지 내에서도 경매물건이 있는 403동은 다른 동들과 달리 남서향인 데다, 해당 물건이 14층이라 거실에서 바라보는 시야가 탁 트인 가장 좋은 입지였다.

매매가도 상승하기 시작해서 이 물건보다 낮은 층인 6층이 6억 2,000만 원에 나와 있었다. 경매물건의 층과 동을 고려하면 매매가가 대략 6억 5,000만 원 정도로 파악되었다. 감정가가 시세보다 낮았기 때문에 입찰자가 많을 것으로 보였다. 낙찰을 받으려면 최소 6억 원 이상 써내야 할 것 같았다.

‖ 경매물건의 위치 ‖

　문제는 입찰가 산정이었다. 6억 원을 넘겨야 한다는 필자의 주장이 쉽사리 받아들여지지 않았다. 컨설팅을 의뢰한 수강생은 경매를 배웠기 때문에 어느 정도 수긍하는 편이었지만 문제는 부모였다. 실제 입찰하는 사람은 부모였고, 최저가가 감정가인 5억 9,200만 원에서 한 번 유찰되어 4억 7,300만 원까지 떨어진 상황이었다. 수강생의 부모는 아무리 매매가가 높아도 이건 경매이기 때문에 최대치는 감정가를 넘지 않게 입찰하는 것이 상식이라고 생각했다. 개찰 30분 전까지도 입찰가를 적지 못하고 계속 의견을 나눴다.

　경매는 얼마나 더 싸게 낙찰받을 수 있는지가 중요하지 않다. 낙찰받는 것이 가장 중요하고, 그래야 얼마라도 싸게 구입할 수 있다. 입찰가를 산출할 때는 이 점을 반드시 기억해야 한다. 결국 필자의 의견에 수강생의 부모도 동의했지만 6억 원 이상으로는 써내고 싶어 하지 않았다. 6억 500만 원은 넘겨야 낙찰받을 수 있다고 한 번 더 말했으나 더 밀어붙이기도 곤란해서 결국 6억 원을 적었다.

매각과정

회차	매각기일	최저가	비율	상태	접수일~
①	2020.05.12 (10:00)	592,000,000	100%	유찰	230일
②	2020.06.16 (10:00)	↓20% 473,600,000	80%	매각	265일
		매수인 한OO / 응찰 20명 매각가 605,108,000 (102.21%) 2위 600,000,000 (101.35%) 3위 584,000,000 (98.65%)			납부완료 (2020.07.31)
	2020.11.12			종결	414일

▌ 매각 과정 ▌

20명이 입찰했고 개찰 결과 2등이었다. 1등과의 차이는 510만 원. 적정 입찰가를 맞췄다는 만족감은 중요하지 않다. 2등은 늘 아쉽다. 1등과의 금액 차가 크지 않으면 더욱 그렇다. 500만 원의 차이로 결국 시세 대비 4,500만 원 싸게 살 기회를 날려버리고 말았다.

출근 때문에 개찰 결과를 끝까지 지켜보지 못한 수강생에게 결과를 전달하려 했으나 전화가 되지 않아 입찰 결과만 문자로 남겼다. 점심식사를 마친 뒤에 전화가 왔다. 부모가 입찰 후 돌아가는 길에 매물로 나와 있던 6층 집을 6억 2,000만 원에 계약했다는 것. 입찰법정에 와보니 이렇게 많은 사람이 집에 관심을 갖고 있다는 데 놀랐고, 집값이 더 올라갈 것으로 보여 매매로라도 사야겠다고 판단했다고 한다.

500만 원을 더 써내지 않아 경매 낙찰에는 실패하고, 결과적으로는 1,500만 원을 더 지불하고 매매로 아파트를 구입했다. 그들의 결정을 폄하하려는 게 아니다. 누구나 경매 입찰가에 대해 편견이나 오해를 가지고 있다는 점을 이야기하려는 것이다. 경매로 무조건 싸게 낙찰받아야 한다는 생각만 버리면 매매보다 저렴한 금액에 부동산을 취득할 수 있다.

05 입찰가에 영향을 끼치는 전세가

인생에는 늘 변수가 발생한다. 그중 하나가 유학이나 해외 업무 차 한국을 몇 년 떠나게 되는 경우다. 외국에서 거주할 주택을 구입하는 데 비용이 필요하기도 하지만, 그렇지 않더라도 보유하고 있던 주택을 팔고 떠나는 사람들이 많다.

또 다른 경우가 바로 전원생활이다. 도시생활을 정리하고 지방에 정착했지만 변수가 발생했을 때 지방 주택 매각이 어려워 고생을 하거나 자산가치 하락을 경험하기도 한다. 앞으로 이런 상황이 발생한다면 가급적 주택을 처분하지 말고 전세를 놓아 전세 자금으로 거주 비용을 해결하길 권한다. 특히 매각하려는 주택이 서울에 있다면 더더욱 그렇다.

해외 주재원으로 있다가 최근 서울로 돌아온 이의 사례를 살펴보자.

그녀는 남편 회사 때문에 외국에 나갈 일이 생기자, 2년 후 돌아와서 제대로 집을 구입하자는 생각에 집값이 상승세임을 확인하고도 집을 사지 않고 2018년에 한국을 떠났다. 그러나 2020년에 들어와 보니 아무리 찾아봐도 서울에는 저렴한 아파트가 없다는 걸 알게 되었다. 한국을 비운 것이 오히려 국내에 있던 동료, 지인들과의 자산 격차가 크게 벌어지는 결과를 낳은 것이다. 이처럼 기간이 짧은 변수에 집을 팔면 안 된다.

결국 그녀는 보유 자금으로는 주택 구입이 어려우니, 경매로 조금이라도 싸게 낙찰받기 위해 현재 전세로 거주 중인 곳과 가까운 지역부터 경매물건을 검색하기 시작했다. 그러다 마음에 쏙 드는 물건을 찾았다. 바로 경기도 용인시의 전원주택이다(104쪽 그림 참조). 외국 생활 중 단독주택에 대해 좋은 기억을 가지게 된 터라, 아이들에게 아파트보다 전원생활을 경험하게 하는 것도 좋겠다는 생각이 들었기 때문이다. 필자는 전원주택은 아파트보다 매각이 어렵고 자산가치 상승이 크지 않아 매매로는 추천하지 않지만 경매라면 괜찮다고 말했다.

아파트는 실거래가, 매매가 등 가치를 판단할 수 있는 지표가 많아 낙찰가율이 급격히 떨어지지 않는다. 하지만 전원주택은 매수자 수요가 아파트보다 적어서 낙찰가율을 논하기가 어렵다. 이유는 아파트처럼 구조가 일률적이지 않기 때문이다. 전원주택은 집의 구조, 마감재, 위치 등 매우 개별적인 요소가 결합해 가치를 형성한다. 입찰자들은 이 개별적인 요소에 각기 다르게 반응해 서로 다른 가치를 부여한다.

누가 얼마만큼의 가치를 부여했느냐에 따라 입찰가가 판이하게 달라지다 보니, 전원주택은 상황에 따라 아주 매력적인 가격에 낙찰이 되기도 한다. 그래서 전원주택은 경매로 싸게 매입할 수 있고, 자체적인 가격 상승이 크지 않더라도 낙찰받는 순간부터 차익 실현이 가능하다. 시세보다 약간 싸게 낙찰받은 뒤 추후 가격 상승으로 매각 차익이 발생하는 아파트와 총수익 면에서는 큰 차이가 나지 않아, 재테크 측면에서는 아파트와 비교해도 나쁜 선택은 아니다.

살펴볼 경매물건은 용인시 수지구 성복동에 있는 단독주택형 타운하우스 '수지포스힐' 단지 내 주택이다. 감정가는 11억 6,400만 원으로 토지 면적 $557m^2$를 고려하면 $3.3m^2$당 690만 원 선이다. 토지 가격만으로도 고가 전원주택에 속하는 편이다. 전원주택은 실수요자가 얼마나 되는지에 따라 2회 이상 유찰되는 것이 일반적이라, 1회 유찰된 시점에 입찰할지 여부를 검토하는 것이 중요했다. 단지 내에 15억 원에 나온 매물이 있었고, 전세 시세는 약 13억 원으로 조사되었다.

전세 시세의 적절성을 검증해 보니 인근 아파트 가격이 대부분 13억 원을 상회했고, 동일 평형대의 전세가는 13억 원 수준이었다. 작은 땅 지분을 가진 아파트가 건축 면적만으로 13억 원 수준이라면, 대지 면적이 $557m^2$인 단독주택의 가격이 그 이하라는 것은 아무리 환금성이 떨어지는 타운하우스라고 해도 말이 되지 않았다.

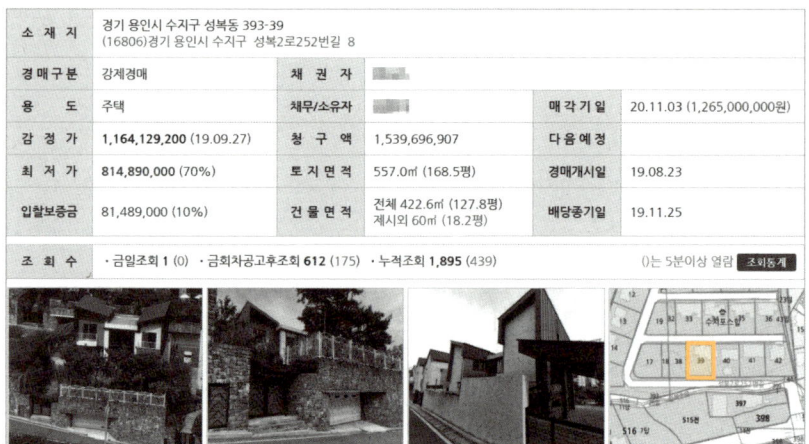

▌용인시 수지구 성복동 전원주택 경매물건 정보(출처 : 지지옥션) ▌

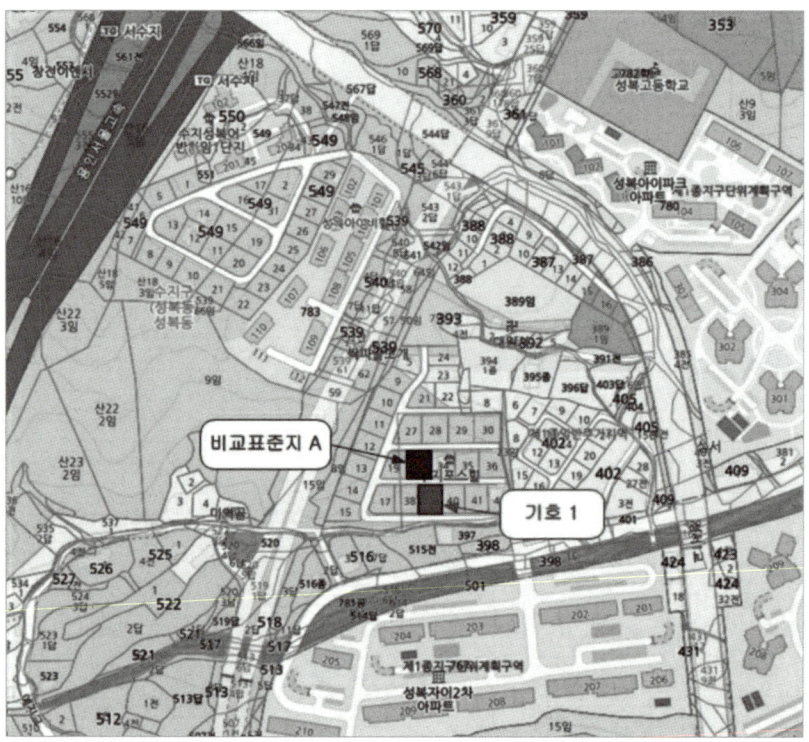

▌경매물건의 위치 ▌

▪ 위치

전원주택이라고 하기가 무색할 만큼 인근에 대규모 아파트 단지가 자리 잡고 있다. 둘러싼 아파트 세대 수만 2,770세대에 이른다. 신분당선 라인과 멀지 않은 곳에 위치한 단독주택형 타운하우스여서 생활 인프라가 잘 갖춰져 있고, 서쪽 용인-서울 간 고속도로 서수지 IC와도 가까워 서울로의 이동도 용이하다. 위치와 환경 두 마리 토끼를 다 잡은 곳으로 실수요자들에게도 적합한 곳이다.

▪ 인테리어 & 시설

단독주택은 마당이 있어 조경석, 조경수, 정자 등 부대시설을 포함하는 경우가 대부분이다. 감정가 책정 시 소유 여부에 따라 이런 부대시설을 경매 대상에 포함시킬지 판단하는데 이 물건은 수목, 조경수, 축대 등이 경매 대상에 포함된 일괄매각 물건이다.

경사가 있는 지형이어서 도로변에는 주차 공간을 만들고, 그 위에 집을 지어 프라이버시를 확보한 형태다. 시야를 막는 시설물도 없어서 대지 현황이 훌륭하다. 이제 경매에서 가장 어려운 부분인 인테리어에 대해 검토할 차례다. 낙찰 후 추가로 소요될 금액을 정확하게 파악하려면 가급적 내부를 직접 확인하는 것이 좋다.

┃ 경매물건의 외관 ┃

┃ 경매물건의 내부 ┃

수풀이 무성한 것으로 보아 최소한 몇 달 동안은 거주하는 사람이 없었던 듯했다. 수풀을 지나 현관까지 가보니 마침 열려 있었다. 그런데 집 안은 이미 경매에 입찰하려는 사람들에게 점령당한 상태였다. 다른 팀들과 함께 집안을 확인하기 위해 우선 주방을 살펴보니 주방 가구는 모두 뜯겨져 있었고 천장 곳곳에는 커다란 구멍이 뚫려 있었다. 이사 나가면서 필요하다고 생각되는 시설을 거의 철거해 간 것으로 보였다.

에어컨과 실외기는 경매물건에서 꼭 체크해야 한다. 소유자가 살던 집이 경매에 나와도 돈이 될 만한 것들은 가져가기 때문이다. 가구, 조명, 에어컨, 실외기 등은 부동산에 종속된 시설들이 아니라 부속시설로 보기 때문에 감정가에도 반영되지 않는다. 이런 이유로 이런 시설들이 있는지 사전에 체크해 보는 것이 좋다.

이 물건처럼 점유자가 없고 개방된 경우에는 확인이 용이하나, 대부분의 경매물건은 내부 시설을 확인하고 입찰에 들어가기가 쉽지 않다. 따라서 입찰가 산정 시 내부 시설을 리스크로 인식해 리모델링 비용을 빼고 입찰가를 책정해야 한다.

바닥과 벽은 철거하기가 어려우므로 마감재가 중요한데, 이 물건은 대리석 타일이 부착되어 있어 기본은 오히려 수준급이었다. 각 방마다 에어컨을 달고 주방 싱크대를 설치하는 등 입주 인테리어에 준하는 수준으로만 건드리면 될 것 같았다.

대략 3,000만~5,000만 원의 시설비를 책정했다. 이 정도 금액이면 매매로 산 경우에도 인테리어를 바꾸는 정도의 금액이라서 리스크로 보기도 어렵다. 정리하자면 매매 시세는 15억 원, 전세는 13억 원, 인테리어 비용은 최대 5,000만 원 정도였다.

통상 전세가 이상으로 낙찰되는 것이 일반적이나, 거래 금액이 큰 전원주택임을 감안할 때 입찰가는 12억 원이 넘어야 할 것으로 판단되었다. 이 정도 금액이면 시세 대비 1억 5,000만 원가량 싸게 낙찰받는 셈이어서, 그 금액만큼 매각 차익을 얻을 것으로 예상했다.

이 물건을 사례로 정한 이유가 있다. 최근 입찰 사례이기도 하지만 전세 자금을 매각 잔금으로 착각한 사례이기 때문이다. 입찰자의 자금 현황을 살펴보자. 현재 전세금이 4억 원, 보유 현금이 2억 2,000만 원, 잔금 납부시점에 추가로 동원 가능한 자금이 2억 원이었다. 바로 동원 가능한 자금은 6억 2,000만 원, 최대 가능 금액은 8억 2,000만 원으로 충분히 입찰이 가능할 것으로 보였다.

첫 번째 문제는 예상 낙찰가가 높아지면서 판단 오류가 생겼다는 것이다. 앞서 이야기했듯 수풀이 우거지고 내부 시설이 엉망이었던 터라 처음에는 최저가 수준인 8억 원 언저리면 되지 않을까 생각했으나, 결국에는 12억 원 이상은 써야 낙찰이 될 것으로 보였다. 예상 낙찰가가 올라가면서 필요 자금은 더 늘어났다.

두 번째로는 전세 자금을 매각 잔금에 계산해 넣는 실수가 발생했다. 전세 자금은 경매 잔금을 납부할 때 같이 투입해야 하는 돈이다. 그러나 잔금 납부일에 살던 곳의 짐을 빼지 않은 상황에서 전세금만 먼저 확보하는 것은 불가능하다. 결국 잔금 납부 시에 동원 가능한 금액에서 전세 금액은 제외해야 한다.

이를 감안해 다시 계산하면 입찰 금액 12억 원 중 대출금 4억 2,000

만 원을 제외한 7억 8,000만 원이 필요했다. 그러나 전세 자금 4억 원을 제외해야 하니 가용 자금은 4억 2,000만 원밖에 남질 않았다. 잔금으로 낼 수 있는 금액을 고려할 때 쓸 수 있는 최대 금액은 8억 4,000만 원 정도였다.

경매물건 현장을 3번이나 가서 조사했지만 준비했던 노력이 물거품이 될 수밖에 없었다. 9억 원 이하로는 낙찰받기 어렵다는 생각이 들었기 때문이다. 그래도 일단 입찰해 보기로 했다. 경쟁률은 최소 10~13명을 예상했는데, 막상 뚜껑을 열어보니 무려 48명이나 응찰했다.

이렇게 입찰 열기가 뜨거웠던 전원주택 사례는 많지 않다. 원인은 전세가보다 낮은 최저가였다. 8억 원까지 내려간 최저가는 매매였다면 대출이 불가능해 생각조차 못 했을 사람들까지도 입찰을 가능하게 만들었다. 48명의 입찰가 중 상당수가 9억 원대 미만에 집중된 이유이기도 하다. 이 물건을 조사, 의뢰한 수강생도 같은 처지였다.

아울러 매각이 쉽지 않은 전원주택이라 해도 감정가인 12억 원에만 낙찰을 받아 바로 매각해도 2~3억 원의 매각 차익을 낼 수 있기에, 실수요자가 아닌 투자자도 입찰에 참여해 보기 드문 경쟁률을 낳은 것이다. 48 대 1의 경쟁률 속에서 그 수강생이 몇 등을 했는지는 모르겠다. 그러나 이런 물건에 입찰한 경험은 훗날 본인에게 좋은 자산이 되어줄 것이다. 자신에게 맞는 좋은 주택을 구입하기 위한 초석으로서 말이다.

매각과정						법원기일내역
회차	매각기일	최저가		비율	상태	접수일~
①	2020.09.23 (10:30)		1,164,129,200	100%	유찰	398일
②	2020.11.03 (10:30)	↓30%	814,890,000	70%	매각	439일
		매수인 매각가 2위 3위	이OO / 응찰 48명 1,265,000,000 (108.66%) 1,204,000,001 (103.42%) 1,125,890,000 (96.72%)		허가	

‖ 매각 과정 ‖

06 경매로 창업하자

경매는 창업을 고려하는 사람에게도 좋은 선택이 될 수 있다. 그 이유는 첫째, 이자 낼 돈으로 상가를 소유하면 리스크가 적다는 것이고, 둘째는 경매에 나온 임차인의 시설을 이용할 수 있다는 점이다. 각 이유마다 포인트는 다를 수 있지만 내면을 들여다보면 두 가지 모두 '상가건물임대차보호법'(이하 상가임대차법)의 한계에서 기인한다. 좀 더 자세히 살펴보자.

■ **월세 대신 이자를 내자.**

상가를 살 때는 먼저 수익률을 따져보아야 한다. 이자를 내고도 얻는 수익이 있어야 한다는 뜻이다. 대부분의 상가 보증금을 월세로 전환해 보면 수익률이 거의 10% 수준에 달한다. 1,000만 원을 은행에 넣으면 금리가 2%라고 해도 1년에 받을 수 있는 이자는 20만 원, 한 달로 환산하면 1만 6,666원이다. 많이 잡아도 한 달에 받을 수 있는 이자는 2만 원 수준이다. 그러나 상가는 10만 원가량의 월세를 받을 수 있으니 수익률이 10%인 셈이다. 거꾸로 월세를 은행 이자로 전환해 보자. 월세 100만 원은 약 6억 원을 은행에 넣었을 때와 동일한 수익이다.

■ **임차가 완료되면 시설은 제로가 된다.**

임대차 계약을 체결할 때 모든 계약서에는 기본적인 조건이 있다.

"본 계약은 현 시설물 상태로의 계약이며, 계약 종료 시 원상회복의 의무가 있다."

치킨집이건 카페건 임대차 계약이 완료되어 나갈 때 임차인은 아무것도 없는 원래의 상태로 되돌려놔야 한다. 장사를 시작할 때 시설 자금이 필요하다면, 장사를 접을 때도 자금이 필요하다는 이야기다. 물론 기존 시설을 다음 임차인이 인수해 주면 제로가 되지 않는다. 시설 권리금이라는 명목으로 거래되기는 하지만 이를 제대로 받는 경우는 상당히 드물다. 1억 원을 들여 시설을 했다면 잘해야 2,000만~3,000만 원 받는 게 보통이고, 공짜로 넘기는 경우도 흔하다. 철거비라도 아끼기 위해서다. 그러나 본인 소유의 상가에서 장사를 시작하면 상황이 여의치 않아 장사를 접더라도 해당 시설을 임차인이 사용하게 하면 되므로 손해를 줄일 수 있다.

- **월세는 사라지는 돈이지만 상가는 남는다.**

몇 년 장사하다 보면 임차인들의 머릿속에 드는 생각은 하나다.

'남 좋은 일만 하고 있구나.'

여기서 '남'이란 바로 '건물주'다. 월세는 사라져 버리지만 이자는 어찌 됐건 상가라는 실체를 남긴다. 이처럼 돈을 구체화, 실체화한다는 점이 가장 중요하다.

- **상가임대차법상의 재연장 기간**

과거 상가임대차법상 재연장 가능 기간은 5년이었다. 임대인에게 계약 연장을 요구할 수 있는 기간이 최장 5년이었다는 것이다. 이마저도 임차 금액이 일정 수준을 넘어서면 주장할 수 없었다. 이런 문제점을 보완해 2018년 10월 16일 개정된 상가임대차법에서는 임차인의 재연장 기간이 10년으로 확대되었다. 1억 원의 시설비를 투자했다면 과거에는 1년마다 2,000만 원씩 감가되어 사라졌지만 현재는 10년 기준으로 1년마다 1,000만 원씩 감가되는 것이니, 안정성은 2배로 커지고 리스크는 반으로 줄어든 셈이다.

임차인은 계약 기간에 따른 리스크가 있는 반면 주인은 그런 리스크가 없어 마음 편히 장사할 수 있다. 임차인은 몇 년간 장사를 통해 돈을 잘 벌었다고 생각했지만 장사를 그만두고 최종적으로 살펴보면 남는 것은 보증금뿐이다. 반대로 월세를 이자로 치환해 소유자가 되면 시설과 상가라는 실체를 남긴다는 점에서, 임차인보다는 소유자로서 창업하면 자신의 재산을 더 안전하게 지킬 수 있다.

뒤에 소개할 사례를 기반으로 임대로 창업할 때, 매매로 상가를 구입해 창업할 때, 경매로 상가를 낙찰받아 창업할 때 등의 3가지 경우를 서로 비교해 보려 한다. 상가 구입비용이 더 많이 듦에도 돈을 빌려서라도 그렇게 창업하는 것이 더 타당한지 검증이 필요할 테니 말이다. 비교의 편의를 위해 임차와 매매, 낙찰 그리고 관련 부대비용 모두를 대출로 마련한다고 가정하자.

조건

상가 가치: 4억 원

보증금: 2,000만 원 | 임대료: 180만 원 | 은행 이자: 4.5%

가정: 모든 비용을 대출로 빌렸다고 가정

❶ 임차로 창업

월 총비용(월세 + 대출이자) = 187만 5,000원

(단위: 원)

보증금	20,000,000
보증금 대출이자	75,000
월세	1,800,000
총비용(월)	1,875,000

❷ 매매로 상가 구입해 창업(취득세, 중개수수료 등 부대비용도 모두 대출받았다고 가정)

월 총비용(대출이자) = 158만 7,000원

(단위: 원)

매매가		
		400,000,000
취득세	4.6%	18,400,000
중개수수료	0.9%	3,600,000
법무사 비용		1,200,000
총필요자금		423,200,000
대출이자	4.5%	19,044,000
월 총비용		1,587,000

❸ 경매로 낙찰받아 창업(취득세, 컨설팅비 등 부대비용도 모두 대출받았다고 가정)

월 총비용(월세 + 대출이자) = 121만 5,090원

(단위: 원)

낙찰가		
		291,500,000
취득세	4.6%	13,409,000
컨설팅 비용	1.0%	2,915,000
법무사 비용		1,200,000
철거비		15,000,000
총필요자금		324,024,000
대출이자	4.5%	14,581,080
월 총비용		1,215,090

임대로 창업 시 월 지출액 = 187만 5,000원

매매로 창업 시 월 지출액 = 158만 7,000원(15% 절감)

경매로 창업 시 월 지출액 = 121만 5,090원(35% 절감)

상가의 낙찰가는 4억 원의 상가 가치보다 27.2% 낮은 것으로, 이보다 더 낮게 낙찰되는 물건도 많으니 중간 정도의 수준으로 비교하면 된다. 3가지 경우를 비교해 보면 어떻게 창업을 해야 하는지가 한층 더 명확해질 것이다.

07 C급 상권의 반란_아파트 단지 내 상가

상가 중 '아파트 단지 내 상가'는 과거 투자자들의 관심이 적었다. '동네 상권'은 말 그대로 동네 사람들만의 수요를 노린 상권이라 매출이 높지 않고, 이 때문에 임대료와 수익률이 낮아서 매매가가 높을 수 없기 때문이다. 실제로 분양 후 자산가치 하락을 경험했기에 관심이 적었던 것도 사실이다. 그러나 지금은 아파트 단지 내 상가의 청약률과 입찰가가 높아지면서 인식이 많이 바뀌었다. 이러한 현상은 향후 지속될 것으로 보이는데, 그 이유를 자세히 살펴보자.

■ **주 5일제**

2004년부터 주 5일제가 시행되면서 상권에 변화가 일어났다. 그 전까지는 직장이 있는 업무 지역에서 6일간 머물고, 일요일 단 하루만 집에서 머물렀기 때문에 동네 상권의 매출이 크지 않았다. 그러나 주 5일제로 집에서 이틀을 머물게 되면서 동네 상권은 2배로 성장했다. 이는 세계적

현상으로 지역 상권, 즉 '로컬(local) 상권'이라 불리면서 새로운 문화를 만들어 냈다.

주 5일제를 시행하는 회사가 많아지고 토요일과 일요일에 쉬는 문화가 정착되자 아파트 단지 내 상가에 창업이 늘었고, 공실도 줄기 시작하면서 안정적인 상가로 자리 잡아가고 있다. 이 때문에 실수요자와 투자자들도 아파트 상가를 매수하기 시작했다. 이러한 현상은 경매에도 반영되어 50%대였던 아파트 상가 낙찰가율이 이제는 일반 상가와 비교해 큰 차이가 없는 수준까지 올라왔다. 낙찰가율이 높아졌다는 것은 투자 대상이 되었다는 뜻이다.

아파트 단지 내 상가는 거래가 원활하게 이루어지는지가 더 중요하다. 환금성이 없으면 창업을 위해 구입한 상가가 천덕꾸러기가 되기 때문이다.

▪ 자유로운 업무 환경

과거에는 낮에 집 주변을 돌아다니면 실업자로 낙인찍히곤 했다. 그러나 최근에는 업종이 다양해지면서 매일 회사로 출근하지 않아도 되는 직업이 크게 늘었다. 여기에 코로나19의 영향으로 재택근무 비중이 급격히 커진 데다, 코로나 종식 이후에도 온라인 업무 경험을 바탕으로 재택이 주요 근무 형태로 자리 잡으면서 집 주변 상가들의 매출이 나쁘지 않을 것으로 예상된다.

▪ 저렴한 월세 수준

역세권 주변 상가는 당연히 유동인구가 많아 'A급 상권'으로 불린다. 상업지역인 탓에 땅값이 비싸고 분양가와 매매가도 높을 수밖에 없다. 월세도 마찬가지다. 그래서 은퇴한 베이비부머와 젊은 층은 창업 수요는 높지만 자금이 많지 않아 A급 상권에서 창업하기에는 한계가 있다. 이때 대안으로 고려해볼 수 있는 것이 B, C급으로 분류되는 아파트 단지 내 상가다. 주거지역의 땅값은 아무래도 상업지역의 절반 수준에 그치기 때문에, 상가 가격도 저렴하고 월세도 낮을 수밖에 없다.

■ 배달 문화

우리나라의 배달 문화 수준은 세계 최고로 정평이 나 있다. 배달하는 업종이 점점 더 많아지고 배달 어플리케이션도 늘어나 '고객-시스템-업체'의 3요인이 최상의 조합으로 구축되어 가고 있다.

사실 아파트 단지 내 상가는 노출이 잘되는 1층 전면부를 제외하면 1층 후면과 2층은 공실이 많다. 특히 1층 후면부 공실은 장기간 해결되지 않는 경우가 많아, 전체 아파트 상가 가치를 떨어뜨리는 주범이었다. 이곳에 임대를 채워주기 시작한 것이 바로 배달 전문 업종이다. 손님이 찾아오지 않아도 되니 상가를 외부에 노출할 필요가 없다. 그리고 낮은 임대료는 매력적일 수밖에 없다. 임대료가 낮은 만큼 부담이 적어서 매출이 낮아도 유지할 수 있는 강력한 버팀목이 된다.

임차인이 잘 망하지 않는다는 것은 공실 위험이 낮아지고, 반대로 안정성은 올라간다는 뜻이다. 이로 인해 아파트 단지 내 상가가 실수요자와 투자자 모두에게 관심을 끌 수 있는 환경이 조성되었다.

이러한 아파트 단지 내 상가를 둘러싼 우호적 요인은 단기간에 사라질 성질의 것이 아니다. 오히려 시간이 지날수록 더 단단해질 것으로 전망된다. C급으로 취급받던 상권의 반란은 이미 몇 년 전부터 시작되었고, 그 중심에 아파트 단지 내 상가가 있으니 지속적으로 관심을 가지고 살펴보기 바란다.

08 보증금으로 상가 낙찰받기

아파트 단지 내 상가

감정가: 9,000만 원

최저가: 6,300만 원

전용면적: 34.5㎡

　창업을 위해 꼭 필요한 자금이 보증금이다. 과거에는 보증금이 높은 편이었다. 월세를 부담스러워하는 임차인들이 보증금을 올려서라도 월세를 낮추고 싶어 했기 때문이다. 그러나 요즘은 창업 자금 중 인테리어 시설비의 비중이 높다 보니, 한정된 창업 자금에서 보증금의 비중을 줄이려고 한다. 주인도 월세를 더 선호하므로 서로의 이해관계가 맞아떨어져 보증금의 비중이 전반적으로 낮은 편이다. 이번 경매물건은 보증금 수준의 금액으로 상가를 낙찰받은 사례다.

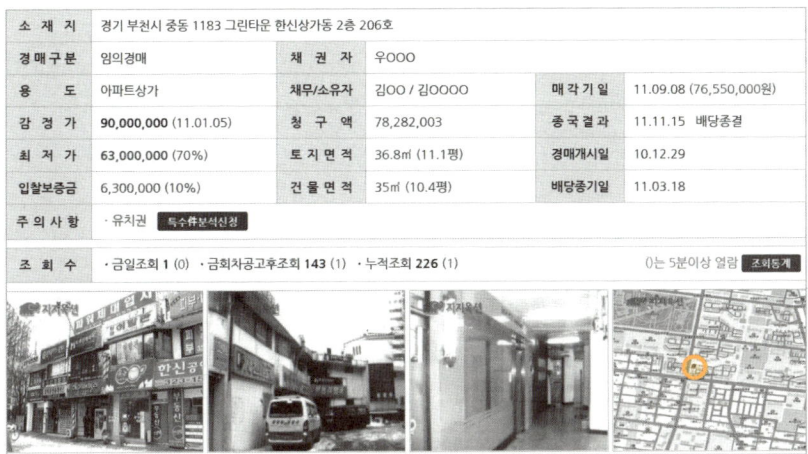

부천시 중동 상가 경매물건 정보(출처 : 지지옥션)

■ 위치

부천시 중동에 있는 아파트 단지 내 상가다. 592세대의 그린타운 삼성·우성아파트 단지와 474세대 한신아파트가 마주 보는 진입부에 자리 잡아, 1,000세대 아파트 단지를 배경으로 둔 안정적인 상가다. 횡단보도가 바로 앞에 있어 아파트 주민의 동선 및 대로변 노출도 뛰어난 편이고, 타 단지로의 유입이 가능한 위치여서 해당 아파트 주민만 이용하는 아파트 단지 내 상가의 단점을 보완할 수 있다는 것이 이 물건의 장점이다.

▌경매물건의 위치와 외관 ▌

- **유치권 신고**

본 물건에는 유치권 신고가 되어 있었다. 법원은 매각물건명세서에 유치권 신고 여부만 기재하기도 하고 금액까지 올리기도 한다. 이 물건은 유치권 신고가 되었다는 내용만 기재되어 있어 입찰 전에 유치권 신고 금액을 확인할 수 없었다. 현장을 둘러보면서 내부 시설을 살펴보니 경매 정보에 올라온 사진에 비해 시설이 괜찮았다. 인테리어 업체임을 알 수 있는 간판이 건물 외부에 걸려 있었고, 내부 시설도 해당 업체가 운영하는 것으로 보였다.

법원 기록상 임차인은 없다고 명시되어 있었다. 관할 세무서에 등록한 임차인 현황을 확인했지만 등록된 사업자가 없다는 것이다. 사업자 등록된 임차인이 없으니 무단 점유자이거나 소유자, 혹은 임대차 계약을 맺었으나 사업자 등록을 하지 않은 케이스 중 하나일 것이다. 소유자 이름을 살펴보니 두 명으로, 어머니로 보이는 사람이 전체 소유 부동산의 10분의 1을 증여한 것으로 확인되었다. 증여받은 사람의 이름이 유치권 신고자의 이름과 동일했다.

임차인현황
법원 기록상 임차인이 없습니다.
본건현황표 출장하였으나 이해관계인을 만나지못하여 자세한 임대차 관계는 미상이고 관할 세무서에 등록사항등의 현황을 열람한바 등록되어 있는 사업자가없음

등기부현황 (열람일자:2011-07-18)

접수일자	권리종류	권리자	채권금액 예상배당액	말소	비고
1999-10-11	저당권	우리은행 부천	97,500,000 74,130,323	말소	말소기준등기
2003-10-23	가압류	신용보증기금 함열농협	22,048,766	말소	
2003-11-04	저당권	■■■	20,000,000	말소	
2010-03-19	압류	서울시		말소	
2010-12-29	임의	우리은행 여신관리부		말소	경매기입등기
등기부채권총액: 139,548,766					

▌임차인 및 등기부 현황 ▌

- **감정평가서**

아래 사진은 경매 정보에 올라온 것이다. 그런데 이 사진은 언제 찍힌 것일까? 경매정보 업체는 감정평가사가 작성한 내용을 올려주므로, 아래 사진은 감정평가사가 찍은 사진일 것이다. 감정평가는 경매가 접수되고 얼마 지나지 않아 진행되므로, 경매 접수된 지 한 달 남짓한 시점에 촬영한 것이라고 볼 수 있다.

경매 정보에서 아래 사진을 본 사람이라면 이 물건을 검토 대상에서 제외했을 것이다. 내부 시설이 마치 철거된 것처럼 온전하지 않기 때문이다. 그러나 현장 답사를 나가보니 이런 모습은 없었고 완전하게 마무리된 인테리어 매장이었다. 소유자 겸 유치권자가 운영하는 인테리어 매장인 것이다.

‖ 감정평가서상 내부 사진 ‖

낙찰을 받고 경매계를 방문해 유치권 신고 서류부터 확인했다. 유치권 신고서와 공사명세서가 제출되어 있었는데, 총공사비는 2,000만 원이 넘었다. 유치권자 겸 지분 소유자가 운영하는 인테리어 회사가 신고 주체였다. 등기부등본을 통해 유치권자가 이 물건의 소유자임을 확인한 터라 크게 걱정하지는 않았다. 게다가 경매개시결정 이후에 공사가 진행되었기 때문에 더더욱 유치권 성립이 어렵다. 유치권이 문제 되지 않을 것으로 판단해 잔금을 치르고 소유권 이전을 마쳤다.

▪ 명도

낙찰을 받고 소유자 겸 유치권자를 만났으나 유치권 비용 2,000만 원을 받기 전에는 나갈 수 없다고 주장했다. 유치권 성립이 어려운 이유를 설명하고, 내부 시설이 아주 양호해서 시설비로 500만 원을 줄 테니 원만하게 명도를 진행하자고 제안했지만 받아들여지지 않았다. 그러면 인도명령절차를 밟겠다고 정중히 전한 후 이야기를 마무리 지었다. 인도명령 신청은 소유자에 대해서만 할 수 있기 때문에 모친을 포함한 두 명의 소유자를 대상으로 신청했다. 인도명령결정문이 2주 뒤에 떨어졌고, 집행을 신청해 별 문제 없이 집행을 완료했다.

사건의 내막은 이러하다. 경매가 접수되자 같은 상가에 있는 공인중개사가 유치권이라는 것이 있는데 이를 주장하면 낙찰자가 임대를 놓기 위해 협상이 들어올 것이고, 보통 유치권 금액의 절반 정도에 협상이 된다고 귀띔해 주었다. 직접 인테리어를 하면 돈도 많이 안 들어갈 테니, 일단 공사를 해놓고 유치권을 주장해서 경매로 상가를 날리는 손해를 만회

하면 된다고 한 것이다.

그 말을 듣고 약 500만 원을 들여 경매개시결정이 난 뒤 공사를 했지만, 유치권자의 예상과는 달리 인도명령결정에 의한 집행으로 점유가 깨져서 유치권은 사라졌다. 그리고 유치권 비용을 받기 위해 공사한 시설은 그대로 남겨져 낙찰자의 소유가 되었다. 잘못된 지식으로 낙찰자가 돈을 들여서 해야 할 인테리어를 전 소유자가 대신 해준 결과가 된 것이다.

모든 경매물건의 유치권이 이 사례와 같지는 않다. 진실한 유치권도 많아서 낙찰자가 인수해야 하는 경우도 흔하다. 어쨌든 경매로 나온 상가의 시설이 낙찰자에게는 보너스가 되는 사례도 많기 때문에 유치권을 잘 활용하면 창업에 필요한 자금을 크게 줄일 수 있다. 위 사례의 낙찰자는 명도를 마친 후 대기 손님용 테이블과 의자, 반영구 화장을 하는 데 필요한 침대, 블라인드 등 300만 원 정도의 가구 구입비를 제외하고 추가 비용 없이 창업했다.

지금도 유치권 신고된 경매물건을 만나면 겁부터 먹는 사람들이 많은데, 유치권이 설정된 상가는 그만큼 시설이 존재한다는 방증이기도 하니 너무 겁먹을 필요는 없다. 유치권이 정당하다면 그 금액만큼 시설된 비용을 지불하면 되고, 이 사례처럼 정당하지 않다면 저렴하게 기존 시설을 인수하면 되니 유치권으로 인한 손해는 없다. 그러니 창업을 희망하는 사람이라면 유치권 신고된 상가물건에 관심을 가져보자.

▌명도 후 세련되게 바뀐 인테리어 ▌

인생의 여름

앞의 경매물건을 동일한 조건의 매매로 구입했다고 가정하고 양쪽의 수익률을 비교해 보자. 통상 보증금은 2,000만 원을 넘지 않으니, 보증금이 상가를 매입하는 자금의 범위가 될 수 있다. 매달 내는 이자가 월세를 넘기지만 않으면 된다. 아파트 상가를 낙찰받아 창업하면 임대 얻을 금액으로 상가를 얻을 수 있음을 알 수 있다.

보증금 = 2,000만 원 = 상가 구매자금

월세 = 40만 원 = 매월 이자

아파트 단지 내 상가는 월세가 높은 편이 아니다. 임대료 상승이 크지 않아서 매매가격 상승도 거의 없는 편이다. 따라서 과거보다 안정성은 높아지고 공실률은 낮아져서 아파트 단지 내 상가에 대한 투자 매력도가 올라갔다. 다만 임대료가 낮아서 수익률이 높지 않고 매각 차익도 적은 것이 단점이다. 바로 그렇기 때문에 아파트 단지 내 상가는 매매보다 경매로 구입하면 낙찰가율에 따른 차이만큼 저렴하게 매입이 가능하고, 그만큼 투자금이 적어 수익률은 높아지고 매각 차익도 발생할 수 있다. 창업을 검토하는 실수요자와 투자자들은 경매를 적극적으로 활용해 보기 바란다.

(단위: 원)

임대 시 투자수익률		직접 운영 시 투자수익률	
낙찰가	76,550,000	낙찰가	76,550,000
취득세	3,520,000	취득세	3,520,000
법무사 비용	800,000	법무사 비용	800,000
명도비	–	명도비	–
체납 관리비	400,000	체납 관리비	400,000
시설비	1,500,000	시설비	1,500,000
대출액(낙찰가의 80%)	61,240,000	대출액(낙찰가의 80%)	61,240,000
임차 보증금	5,000,000	임차 보증금	–
실투자금	16,530,000	실투자금	21,530,000
월 임차료 수익	400,000	월 운영수익	2,500,000
연간 총수익	4,800,000	연간 총수익	30,000,000
연 이자(6.0%)	3,670,000	연 이자(6.0%)	3,670,000
상가 관리비	70,000	상가 관리비	70,000
연간 실수익 (총수익-이자&관리비)	1,060,000	연간 실수익 (총수익-이자&관리비)	26,260,000
연 수익률	6.41%	연 수익률	121.96%

▮ 상가 낙찰 후 임대와 직접 운영 시의 수익률 비교 ▮

09 월세 낼 돈으로 내 상가 대출이자 내자

상가는 임차인의 시설을 부수적으로 함께 매입하는 특징이 있다. 앞서 살펴본 사례처럼 전 소유자나 임차인의 시설이 플러스 요인이 될 때도 있지만, 때로는 마이너스 요인이 되기도 한다. 철거할 시설물이 많으면 입찰하려는 사람에게는 마이너스 요인으로 인식되어 입찰가가 정상적인 물건보다 더 떨어진다. 투자자에게 좋은 물건은 아니지만 창업하려는 실수요자에게는 이러한 물건이 오히려 수익이 커질 수 있어 좋다.

경매물건은 임차인 현황이 낙찰가에 엄청난 영향을 끼친다. 시설을 많이 하는 임차인을 '시설 기반 임차인'이라고 하는데, 이런 임차인이 있는 매각물건은 현황이 아주 좋아 재임대 가능성이 크고, 그만큼 안정적인 물건으로 인식되어 투자 1순위가 되기 때문이다. 반대로 공실이거나 철거해야 할 임차인의 시설이 많은 경우에는 철거 비용만큼을 리스크로 보아서 입찰을 꺼리게 된다. 특히 공실인 경우 일반 투자자에게는 어려운 물건처럼 보이기 때문에 응찰률이 떨어지고, 당연히 입찰가는 낮아진다.

따라서 경매로 창업을 생각한다면 위의 요인들이 상가를 싸게 구입할 수 있는 기회로 작용한다. 상가 구입비용이 창업비용에 추가되기 때문에 상가 금액이 너무 큰 경우에는 매입해서 창업하는 전략을 구사하기 어렵다. 이와 달리 경매는 떨어지는 낙찰가만큼 상가를 구입할 가능성이 커지므로 평상시 경매를 눈여겨보아야 한다.

다음은 공실인 상가를 낙찰받아 창업한 사례를 살펴보자. 공실인 상가는 투자자들이 별로 관심을 두지 않는다. 주택에 비해 상가에 대한 이해도가 낮고 어렵게 생각하기 때문이다. 전체 입찰자 중 공실을 싫어하는 투자자가 빠지면 실수요자만 입찰을 검토하므로 경쟁률이 낮다. 입찰가도 보수적일 수밖에 없다. 경매로 창업하려는 사람에게는 저렴하게 낙찰받을 수 있는 기회다. 살펴볼 경매물건은 인천시 부평구 산곡동에 있는 상가다.

감정가: 4억 원

실면적: 187㎡

임대료(매각물건명세서상): 보증금 2,000만 원 | 월세 180만 원

소 재 지	인천 부평구 산곡동 124-25 전방프라자 2층 207호 [일괄]208호.				
경매구분	임의경매	채 권 자	우OOO		
용 도	상가	채무/소유자	노OO	매 각 기 일	11.11.29 (291,500,000원)
감 정 가	400,000,000 (11.08.02)	청 구 액	257,552,719	종 국 결 과	12.02.08 배당종결
최 저 가	280,000,000 (70%)	토 지 면 적	60.9㎡ (18.4평)	경매개시일	11.07.27
입찰보증금	28,000,000 (10%)	건 물 면 적	187㎡ (56.6평)	배당종기일	11.10.04
조 회 수	· 금일조회 1 (0) · 금회차공고후조회 157 (2) · 누적조회 263 (2)			()는 5분이상 열람 조회통계	

∥ 인천시 부평구 산곡동 상가 경매물건 정보(출처 : 지지옥션) ∥

■ 상권

인천시 부평구 산곡동은 한국지엠 부평공장의 배후 먹자상권으로 술집 등 유흥업종이 성황을 이루던 곳이다. 입찰 시점에는 한국지엠이 경영난으로 인원 감축을 단행해 배후 상권이 서서히 축소되어 가고 있었다. 다행히 인근에 765세대의 아파트가 신축되어 완공을 앞두고 있던 터라 지역 상권으로는 괜찮다고 판단되었다.

인근 배후 아파트 단지는 7,000세대로 지하철역까지는 다소 거리가 있어 항아리 상권의 특징을 지닌 곳이다. 7호선 연장으로 산곡역이 개통되면 북측으로 교통편이 확충되어 외곽에서 역세권 반경 안으로 들어갈 수 있는 호재가 있었다. 7호선 산곡역은 예상보다 공사 기간이 길어져서

2021년 개통 예정이다. 입찰한 2011년 11월 당시에는 산곡역 개통 호재는 장기적인 것으로 보고 보수적으로 입찰했다.

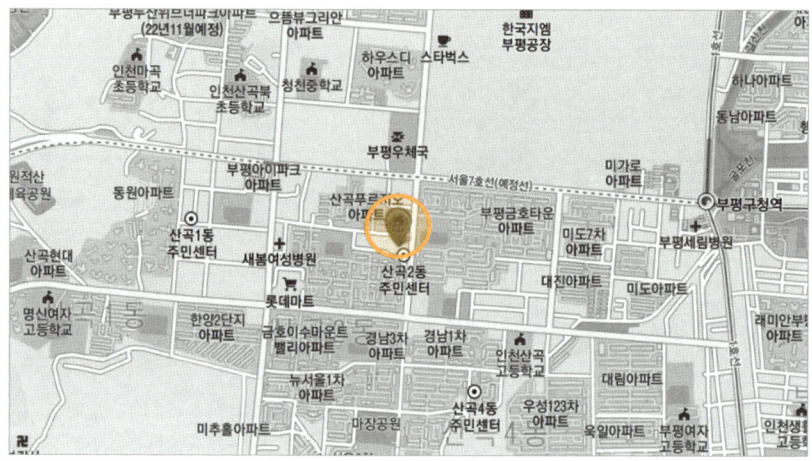

▌경매물건의 위치 ▌

지하철: 부평구청역

배후 아파트: 7,000세대

상권 특징: 로컬 상권, 항아리 상권

적정 업종: 음식점, 카페, 미용실

■ 상가 노출도

상가의 노출 정도는 굉장히 중요하다. 외부에서 인식할 수 있는 외부 노출도와 엘리베이터에서 내려서 찾을 수 있는 내부 노출도 두 가지를 모두 고려해야 한다. 상가는 동쪽 건너편으로 초등학교를 바라보고 있고, 남쪽으로는 주민센터를 끼고 있다. 경매로 나온 건물은 건널목에 접한 건물로 가장 좋은 위치에 있다.

그렇다면 경매로 나온 상가 호실의 노출도는 어떤지 살펴보자. 북쪽으로 창 한 개만을 접하고 있어서 외부 노출도가 높은 편은 아니지만, 바깥에서도 그 존재를 충분히 확인할 수 있는 자리라 문제는 없었다. 엘리베이터를 타고 2층에 내리면 해당 호실이 가장 안쪽에 자리 잡고 있어서 금방 눈에 띄는 편은 아니다. 그러나 건물의 평면이 상가 전체를 복도에서 인식할 수 있는 구조여서 이 또한 문제 될 것이 없다. 내외부 노출 모두 양호한 자리다.

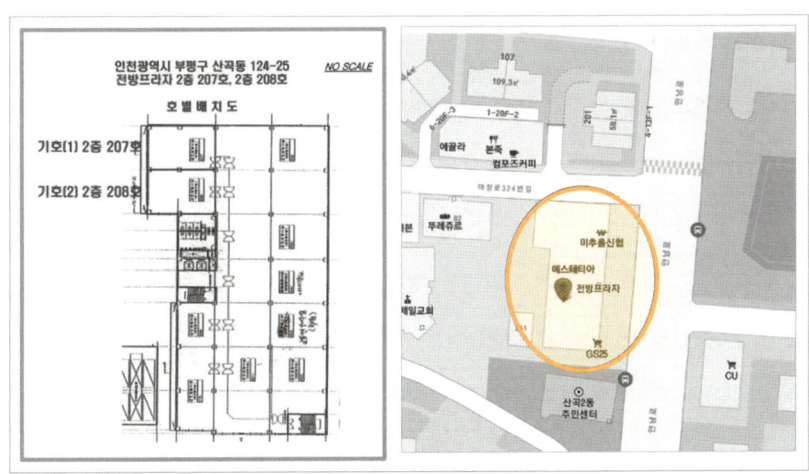

‖ 경매물건의 배치도와 세부 위치 ‖

매각과정

회차	매각기일	최저가		비율	상태	접수일~
①	2011.10.31 (10:00)		400,000,000	100%	유찰	97일
②	2011.11.29 (10:00)	↓30%	280,000,000	70%	매각	126일
		매수인 매각가	▩▩▩ / 응찰 1명 291,500,000 (72.88%)			납부완료
	2012.02.08				종결	197일

‖ 매각 과정 ‖

낙찰가: 2억 9,150만 원

대출 금액: 2억 4,800만 원

은행 이자: 60만 원

감정가(4억 원)로 구입 시 추가 자금: 1억 2,400만 원

만약 감정가(4억 원)로 이 상가를 구입하려면 대출금(2억 4,800만 원)과 입찰보증금(2,800만 원)에 추가로 1억 2,400만 원이 더 필요하다. 이 금액도 은행에서 빌렸다고 가정하고, 이자 비용을 모두 감안해도 월 100만 원 선이다. 매각물건명세서상 월세가 180만 원이었으니 임대로 얻을 때보다 한 달 기준으로 80만 원씩 절약되는 셈이다. 장사를 오래 할수록 이 차이는 더 벌어진다. 임대의 경우 5년간 누적된 임대료(월세)는 1억 1,710만 원이지만 경매로 낙찰받았을 때 대출이자는 6,410만 원이다. 임대가 5,300만 원이나 더 많다. 10년으로 확대하면 차이가 더 커진다. 임대료는 2억 4,870만 원, 대출이자는 1억 2,820만 원으로 그 차이가 1억 원이 넘는다(133쪽 표 참조. '임차' 항목은 월세에 관리비 등이 포함된 금

액임). 사실 이 차이는 더 벌어진다. 이유는 연 5%의 임대료 상승이 있기 때문이다. 실물경기와 착한 임대인을 고려해 2년마다 5%만 상승한다 쳐도 그 차이는 더 벌어질 수밖에 없다.

(단위: 만 원)

구분		누적 비용									
형태	비용	1년	2년	3년	4년	5년	6년	7년	8년	9년	10년
임차	월세	2,250	4,500	6,863	9,225	11,710	14,190	16,790	19,400	22,130	24,870
매매	이자	1,998	3,996	5,994	7,992	9,990	11,988	13,986	15,984	17,982	19,980
경매	이자	1,282	2,564	3,846	5,128	6,410	7,692	8,974	10,256	11,538	12,820

┃ 형태별 창업 기간 동안 누적되는 비용 비교 ┃

■ 시설

해물 칼국수집으로 운영되다가 입찰 당시에는 공실에 가까운 상태였다. 내부는 전체 면적의 절반이 단을 높여 만든 방으로 이루어져 있었고, 인테리어에 전반적으로 나무 소재를 많이 사용했다. 그러나 이는 업종이 맞지 않으면 모두 철거해야 하는 쓰레기에 불과하다. 약 $187 m^2$의 면적과 세워진 벽체의 면적을 고려해 철거 비용을 어느 정도 예상하고 입찰에 들어갔다.

경매는 내부 시설을 확인할 수 없기 때문에 철거 비용을 정확하게 예측할 수가 없다. 실제 낙찰 후 철거 과정에서 문제가 생겼다. 지인에게서 비용이 저렴한 업체를 소개받을 수 있다고 해 낙찰자가 계약금 50%를 지불하고 철거를 시작했는데, 공사 도중에 철거업체가 잠적해 버린 것이다.

❚ 감정평가서상 내부 사진 ❚

이유가 무엇이었을까? 연락을 받고 현장에 가보니 전체 면적의 절반이나 차지했던 방을 위해 설치된 단이 문제였다. 보통 바닥보다 20~30cm 높여서 단을 만들고 전기 패널 등을 깔아서 겨울에도 난방이 가능하도록 했는데, 이 부분이 철거 과정에서 골칫거리로 등장했다. 벽을 철거한 뒤 바닥을 뜯어보니, 단 내부에 인테리어 당시 나온 쓰레기들이 포대에 담겨 가득 채워져 있었던 것. 원래는 목조나 철제 틀로 구조를 만들고 비어 있는 곳은 출렁거리지 않도록 단열재나 보온재 등을 넣고 마감하는데, 비용을 줄이려고 공사 중 발생한 자재와 쓰레기를 자루에 담아 채운 것이다. 인테리어 업자 입장에서는 원래 그곳을 채워야 할 보온재와 함께 폐기물도 줄이는 일거양득이었으리라.

필자도 인테리어 20년 차인지라 낙찰자가 철거업체 선정을 위한 조언을 구했었다. 무조건 공사를 따내기 위해 일단 가격을 낮게 불러서 일을 시작한 뒤, 진행하면서 추가 비용을 받아내는 업체가 종종 있으니 너무 싼 업체도, 너무 비싼 업체도 문제가 있을 수 있다고 말했는데 실제로 그런 일이 발생하고 말았다. 최초 계약 시 추가 비용을 청구하지 않겠다는 확답을 받고 공사를 맡겼으나, 추가 비용 없이는 공사 마진이 남지 않을 것으로 판단한 업체가 연락을 끊어버린 것이다. 낮은 가격에 일단 공사부터 따낸 업체 입장에서는 도저히 계산이 나오지 않았을 터였다.

계약금 50%를 이미 지불한 상황에서 공사는 절반도 진행되지 않았던 것이 더 큰 문제였다. 다시 철거업체를 선정하면서 시간과 자금이 더 들어갔다. 물론 애초에 철거비만큼을 입찰가에서 빼기 때문에 너무 걱정할 필요는 없다. 다만 이 사례처럼 눈에 보이지 않는 변수가 발생할 수도 있다는 점에 유의하자.

우여곡절 끝에 리모델링을 거쳐 세련된 인테리어를 갖춘 술집으로 오픈했다. 철거할 시설이 많은 물건이었기에 1억 원가량 저렴하게 낙찰받을 수 있었고, 싸게 낙찰받은 금액을 창업을 위한 인테리어 자금으로 사용했다. 창업 자금을 8,000만 원 정도 절약한 사례다.

▎리모델링 후 ▎

10 경매를 당하는 임차인에서 상가 소유자로

임대는 장사를 잘하고 있어도 낭패를 볼 수 있다. 건물 소유자에게 채무상 문제가 생겨 상가가 경매에 넘어가게 되면 원치 않아도 사업에 차질이 생길 수 있기 때문이다. 사무실을 차리든 식당을 하든, 창업은 대부분 상가와 관련이 있어 임차인에게는 건물 소유자의 재정 상황도 리스크가 될 수 있다.

사실 창업하면서 상가를 매입하는 경우는 드물다. 대부분은 창업 자금이 넉넉하지 않기 때문이다. 경매는 투자자의 자산을 늘려주는 재테크 수단이지만, 돈을 지켜주는 보호막 역할을 할 때도 있다. 아래의 경매물건이 바로 그런 사례로, 편의점을 운영하는 임차인이 있는 물건이다.

용인시 기흥구 마북동 상가 경매물건 정보(출처 : 지지옥션)

인생의 여름

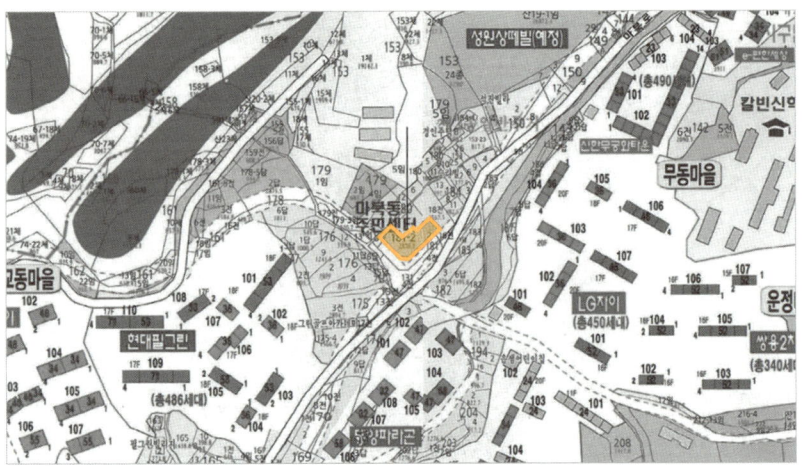

▌ 경매물건의 위치 ▌

위 상가가 있는 용인시 기흥구 마북동은 지하철이 개통되지 않은 곳으로 전형적인 항아리 상권(자루형 상권)이다. 지하철은 없지만 상가 건물 바로 앞에 버스 정류장이 있고, 유명 베이커리 프랜차이즈가 위치해 다른 지역으로 치면 중심가에 위치한 상가다. 이 경매물건의 임차인이 경매 때문에 상담을 받기 위해 찾아왔다.

경매로 소유자가 바뀔 텐데 어떻게 대응하면 좋을지 조언을 듣고 싶다고 했다. 배당 요구는 해야 하는지, 월세를 올려달라고 하면 어떻게 해야 하는지, 여기서 계속 장사를 하고 싶은데 낙찰자가 나가라고 하면 어떻게 해야 하는지 등 모든 것을 궁금해했다. 임차인으로서 보호받을 수 있는 사항을 확인받고 싶었던 것이다. 멀쩡히 장사하다가 법원에서 '경매개시결정문'이 날아들면 대부분의 임차인은 자기가 잘못한 것이 아닌데도 가슴이 울렁거린다고 한다. 유쾌한 경험은 결코 아니다.

▌ 경매물건이 소재한 건물의 외관 ▌

▌ 경매물건(편의점) ▌

　말소기준권리인 근저당의 설정일이 2007년 2월 2일로, 임차인의 사업자등록일인 2010년 3월 5일보다 빨라 후순위 임차인이다. 후순위 임차인은 배당 금액에 상관없이 낙찰자가 원하면 나가야 한다. 그러나 편의점으로 운영 중인 상가를 낙찰받는 사람은 재임대를 원하는 투자자인 경우가 더 많다. 필자는 예상 낙찰가와 낙찰자가 제시할 것으로 예상하는 월세 수준까지 이야기해 주었다. 더 오래 장사하길 원하는 임차인의 속사정을 잘 알고 있을 낙찰자가 주변 시세보다 높게 제시할 수 있기 때문에, 제시할 수 있는 최대 수준으로 예상 월세를 알려주었다

임차인현황

임차인/대항력		점유현황	전입/확정/배당	보증금/월세	예상배당액 예상인수액	인수
한O	無	[점포/103호] 103호 GS25 기흥한성점 2차점유-2차:2012.03.06-2013.03.06 점유1차:2010.03.06-2011.03.06	사업 2010-03-05 확정 2010-03-05 배당 2012-10-19	보 25,000,000 월 770,000 환산 102,000,000	-	소멸
한OOOOOO			2차 2012-04-03	보 20,000,000 월 770,000 환산 97,000,000		

임차인수 : 1명 / 보증금합계 : 45,000,000 / 월세합계 : 1,540,000

현장에서 신원미상의 점유자를 만나 ▇▇이 본 건 부동산을 단독 점유하고 있음을 확인하였으나, 임대차계약서를 제시하지 않아 자세한 임대차관계는 확인할 수 없었음

등기부현황 (열람일자:2013-07-11)

접수일자	권리종류	권리자	채권금액 예상배당액	말소	비고
2007-02-02	근저당권	서울원예농협 노원	840,000,000 289,166,632	말소	말소기준등기
2007-02-02	근저당권	서울원예농협 노원	1,260,000,000	말소	
2012-05-17	근저당권	▇▇▇	250,000,000	말소	
2012-07-16	가압류	HK저축은행 채권관리	40,000,000	말소	
2012-09-07	가압류	현대저축은행	12,094,658	말소	
2012-10-05	임의	서울원예농협		말소	경매기입등기
2013-07-02	압류	동수원세무서		말소	

등기부채권총액 : 2,402,094,658

‖ 임차인 및 등기부 현황 ‖

아울러 임차인에게 재임대가 문제가 아니라, 낙찰자에게 월세를 내느니 본인이 낙찰받아서 이자를 내는 게 낫지 않겠냐고 제안했다. 그리고 낙찰받는 데 필요한 비용과 이자를 계산해서 알려주었다. 계산해 보니 월세보다 이자가 더 낮았다. 상가 낙찰을 위해 필요한 돈을 모두 빌리고

이자를 낸다고 가정해도 낙찰을 받는 것이 더 이득이었다.

경매와 관련된 모든 내용에 대해 설명을 듣고 나더니 임차인은 참담한 심정을 토로했다. 임차인의 권리가 얼마나 형편없는지, 상가 대출이 이렇게 많이 나오는지 처음 알았다는 것이다. 막연히 상가는 비쌀 거라고만 생각해서 직접 구입하는 것은 꿈도 꾸지 않았다며, 망치로 머리를 맞은 기분이라고 했다. '조물주 위에 건물주'라는 말이 유행하기 전이었지만, 임차인이기에 안고 가야 하는 리스크가 얼마나 많은지 새삼 깨달았다며 씁쓸한 웃음을 지었다.

필자에게도 비슷한 경험이 있다. 형제 중 한 명이 창업을 했었다. 자본이 넉넉지 않아 월세와 상권이 조화를 이루는 곳을 찾다 보니 파주까지 검토하게 되었고, 운 좋게 신생 역사 근처에 있는 상가를 계약했다. 갓 신축한 상가여서 역세권 1층인데도 권리금이 없었다. 나중에 권리금이 형성될 수도 있는 터라 여러 가지로 좋은 조건이었다.

그러나 개업한 지 6개월도 채 못 되어 법원에서 경매개시결정문을 받았고, 몹시 떨리는 목소리로 전화해 어떻게 하면 좋으냐고 물었다. 필자는 직업상 무덤덤하지만, 경매 경험이 전무한 일반인은 '법원'이라는 글자만 봐도 마치 죄지은 사람처럼 덜컥 겁이 나게 마련이다.

분석을 해보니 후순위 임차인이긴 하지만 채권 금액이 낙찰가를 상회할 정도로 크지 않아서 보증금을 전액 배당받을 수 있었다. 걱정하지 않아도 된다고 일단 안심부터 시켰다. 이후 어느 정도 안정을 찾았다 싶을 때 이참에 아예 상가를 낙찰받는 것은 어떠냐고 제안했다. 월세 대신 이자를 내는 것이 훨씬 이득인 데다, 5년이 지나도 월세 인상이나 재연장 때문에 걱정하지 않아도 되기 때문이다. 만약 재연장이 안 되었을 때 다음 임차인에게 시설 권리금을 받지 못하면 모두 철거해야 하는 '원상회복 의무'도 있어, 본인이 임대인이 되면 여러모로 유리한 상황에 놓일 수 있었다. 시설 비용을 모두 까먹는다고 가정하면 창업은 시설에 들어간 금액을 월세로 쪼개 받는 것에 불과할 수 있다. 장사해서 매달 돈을 번다고 생각하지만, 사업을 접고 나올 때쯤에는 보증금 외에 남은 것이 없는 현실에 직면한다.

입찰을 위해 검토를 마치고 기다렸으나 경매가 취하되었다. 사정을 들어보니 상가 소유자가 극단적 선택을 했고, 그 과정에서 대출이자를 내지 못해 경매에 넘어갔다고 한다. 가족이 수습에 나서면서 이자 상환이 이루어졌고 경매도 취하된 것이다.

당시에는 잘됐다고 생각했지만, 7년 뒤 장사를 접고 나올 때는 가게를 인수할 사람이 없어 원상복구를 위해 약 1,000만 원의 철거비가 발생했다. 결국 7년간 장사하고 남은 돈은 보증금 5,000만 원이 전부였다. 2억 원가량의 창업 자금 중 4분의 1만 건진 셈이다.

필자도 그때의 일이 생각나서 임차인에게 월세를 내느니 직접 낙찰받아 이자를 내는 게 낫지 않겠냐고 제안했던 것이다. 필요한 자금의 일부는 사업자 대출을 추가로 받아 해결하기로 하고, 상가 낙찰 쪽으로 방향을 정했다. 확실하게 낙찰받는 것이 무엇보다 중요하기 때문에, 당시 월세 수준으로 이자를 낸다는 생각으로 최대한 높은 입찰가를 산정해 응찰했다.

매각과정

회차	매각기일		최저가	비율	상태	접수일~
①	2013.07.26 (10:30)		433,000,000	100%	유찰	295일
②	2013.09.11 (10:30)	↓30%	303,100,000	70%	유찰	342일
③	2013.10.18 (10:30)	↓30%	212,170,000	49%	매각	379일
		매수인 매각가 2위	강OO / 응찰 11명 293,797,777 (67.85%) 286,230,000 (66.10%)			납부완료
	2014.02.11				종결	495일

‖ 매각 과정 ‖

입찰가: 2억 9,379만 7,777원

    총 11명이 입찰에 참여했다. 임차인이 운영하는 편의점은 8개의 호실이 한꺼번에 경매 진행된 이 사건에서 가장 높은 경쟁률을 기록했다. 다행히 전략이 적중해 최고가 매수인이 되었다. 상가 매입자금이 넉넉하지 않았기에 부모 찬스를 썼다. 부모님이 대출을 받고 낙찰자가 이자를 드리기로 한 것이다. 결국 낙찰 전보다 상가 사용료(대출이자 + 부모님 이자)가 60만 원이나 줄었다. 그렇게 임차인은 상가의 주인이 되었다. 담배권도 보유한 편의점이었던 터라, 임차인이 소유자로 변신한 것은 재산을 지키는 데 그치지 않고 늘리는 결과를 낸, 여러 면에서 신의 한 수였다. 이렇듯 경매는 창업에 있어서도 중요한 역할을 한다.

    경매는 서로 다른 입장에 놓인 다수의 사람들이 만들어 내는 한 편의 드라마다. 돈을 못 갚아 경매를 당하는 채무자, 빌려준 돈을 손해 없이 받아야 하는 채권자, 낙찰받아 사용·수익의 효과를 극대화해야 하는 입찰자, 월세를 내고 있는 임차인, 공인중개사, 밀린 관리비를 받아야 하는 관리실 등……. 이처럼 경매는 직간접적 이해 당사자들이 경매물건을 둘러싸고 서로의 이익을 위해 움직이는 치열한 현장이다. 그 역학관계를 잘 이해해야 적정 입찰가를 산출할 수 있다.

11 주거시설이 멋진 카페로 변신

이번에는 주거시설을 낙찰받아 멋진 카페로 바꾼 사례를 살펴보자. 경기도 파주시 탄현면 법흥리에 있는 근린주택이다. 근린주택은 상가와 주거가 결합된 건물로 통상 1층에는 상가가, 상층부에는 주거시설이 배치된다. 사례로 든 경매물건이 위치한 법흥리는 '헤이리 예술마을'로 유명한 곳이다.

헤이리 예술마을은 1989년에 380여 명의 문화예술인이 뜻을 모아 조성한 곳으로 마을 전체를 미술관, 박물관, 갤러리로 꾸몄다. 입주자는 지정 건축가에게 건축 심의를 받아 외관이 아름다운 건물을 지은 후 문화시설을 직접 운영하고, 해당 건물 상층부에 직접 거주해야 한다. 예술인 한명 한명이 콘텐츠가 되는 진정한 예술마을을 표방한 것이다. 애초의 취지는 좋았으나 방문객들의 예술 프로그램 참여도가 낮고 토지 판매도 저조했다.

┃ 헤이리 예술마을 근린주택 경매물건 정보(출처 : 지지옥션) ┃

 이런 이유로 초창기에 진행되던 많은 예술 프로그램이 사라지자 운영에 어려움을 느낀 예술인들은 1층 공간의 상가 운영을 중단하기 시작했다. 곳곳에 운영을 멈춘 상가와 시설이 늘어나고 다른 곳과의 차별성이 약해지면서 헤이리를 찾는 이들이 줄어드는 악순환이 지속되었다.

 그럼에도 헤이리만의 이색적인 분위기를 즐기려는 방문객의 발걸음이 꾸준히 이어지다 보니 이들을 위한 커피숍은 항상 자리가 부족했다. 이런 수요를 충족시키기 위해 1층 공간을 예술이 아닌 커피가 채우면서, 예술마을임에도 예술이 뒷전으로 밀려나고 말았다. 실제로 현재 헤이리에는 독특한 콘셉트로 꾸며진 카페가 즐비하다. 위 경매물건도 가구 판매장을 운영하는 회사에서 '가구 카페 & 게스트하우스'를 목적으로 낙찰받은 물건이다.

‖ 경매물건의 외관 ‖

- **위치**

헤이리 마을에서 가장 중심지라고 할 수 있는 곳이다. 헤이리를 관통하는, 이름은 없지만 헤이리의 풍광과 생태 환경에 큰 영향을 미치는 실개천 옆으로 늘어선 카페들 덕분에 헤이리 내에서 가장 핫한 곳이기도 하다. 경매물건 바로 옆에는 많은 연인들에게 사랑을 받는 특이한 구조의 건물이 있고, 최근에는 무명교를 마주 보는 자리에 멋진 벽돌 건물이 들어서더니 이탈리안 레스토랑이 문을 열었다. 또 다른 건물의 신축 공사도 진행 중이어서, 헤이리 내에서 꾸준하게 변화가 일어나고 있는 유일한 곳이다.

‖ 경매물건의 위치 ‖

　가장 중심지라고 할 수 있는 곳이다 보니, 헤이리 내에 공실 건물이 꽤 있음에도 이 물건의 감정가는 시세에 준하는 금액이었다. 의뢰자가 꼭 낙찰받고 싶어 해서 리모델링 비용 5,000만 원 정도를 감안한 금액에 입찰했다. 감정가가 시세에 가까웠기 때문에 최종적으로는 약 1억 2,000만 원 저렴하게 낙찰받았다고 보면 된다.

매각과정

회차	매각기일	최저가		비율	상태	접수일~
①	2014.04.24 (10:00)		901,062,400	100%	유찰	119일
②	2014.05.29	↓30%	630,744,000	70%	변경	154일
②	2014.07.03	-	630,744,000	70%	변경	189일
②	2014.11.20 (10:00)	-	630,744,000 매수인 ▨▨▨▨ / 응찰 3명 매각가 784,000,000 (87.01%) 2위 720,000,000 (79.91%) 3위 700,777,000 (77.77%)	70%	매각	329일 납부완료 (2014.12.30)
	2015.02.03				종결	404일

┃ 매각 과정 ┃

┃ 경매물건의 실내 ┃

▌리모델링 전 ▌

▌리모델링 후 ▌

· 라이프사이클 키워드 ·

은퇴, 자녀 출가, 수익형 부동산

· 꼭 검토해야 하는 부동산 재테크 ·

정년퇴직 등을 고려해, 월세 비중을 늘려
월급을 대체할 수 있도록 파이프라인을 구축하자.
수익형 부동산, 오피스텔, 상가, 지식산업센터

· 하면 안 되는 부동산 재테크 ·

상가 분양, 도심지 주택 매각

04 CHAPTER

인생의 가을

50대를 위한 경매 전략

01 50대 부동산 재테크 전략

인생의 가을에 해당하는 50대는 풍요로움이 기본이다. 30세 안팎에 시작한 사회생활로 자산을 축적해 어느 정도 자산 형성이 된 시기다. 이렇게 말하면 그렇지 않은 사람도 많다고 반박하는 이가 있을 것이다. 자녀 교육하고 생활하느라 생각보다 모아둔 돈이 별로 없는 사람이 많다는 이야기다. 실제로 상담을 해보면 이 나이대 사람들 간의 자산 격차가 가장 크다.

보유 자산이 많은 사람들을 보면 몇 가지 공통점을 발견할 수 있다(전문직 종사자와 사업가는 예외). 첫째는 안정적으로 회사에 다녔다는 것이고, 둘째는 주택 구입을 비교적 이른 시기에 했다는 것이다. 이는 시사하는 바가 크다.

자산 격차가 크게 벌어져 있는 상황에서 50대는 아주 중요한 시기다. 이 시기에 어떻게 부동산 재테크를 하느냐에 따라 남은 약 40~50년간의 삶이 달라질 수 있기 때문이다. 60세 이후의 삶을 결정지을 수 있는 중요한 시기인 만큼, 이 시기의 부동산 재테크 전략은 그 어느 때보다 중요하다.

50대 부동산 재테크 전략 정리

1 수입원의 변화를 꾀한다.

체력과 업무처리 능력이 떨어져 과거와 같은 수준의 수입을 담보할 수 없는 시기다. 따라서 수입이 없어도 생활비가 나올 수 있는 대체 수입원을 마련해야 한다. 월세가 나오는 수익형 부동산은 월급을 대신할 좋은 대안이 될 수 있다.

2 상가 분양은 가급적 피한다.

수익형 부동산을 구입하는 과정에서 상가 분양을 선택하는 비중이 높다. 안타깝지만 높은 분양가는 나중에 거품이 빠지면서 자산가치 하락을 가져올 가능성이 크다.

3 거주지 변동이 있어도 도심지 내 주택을 매각하지 말자.

성인이 된 자녀들의 유학, 결혼, 독립 등으로 주거에 변화가 많은 시기다. 살던 집을 팔고 거주지를 옮기는 상황이 발생할 수 있는데 가급적 도심지 내의 주택은 유지하는 것이 좋다. 거주 면적을 줄이는 것은 생애주기의 흐름에 맞지만, 도심지 내 주택을 팔고 비도시 지역의 주택을 매입하는 것은 성장 가능성을 갖춘 우량한 부동산을 팔고, 매수자도 적고 유동성도 떨어져 골칫거리로 전락하기 쉬운 부동산을 사는 행위나 다름없다. 부동산의 보유 또는 매각 결정을 할 때는 자신의 입장이 아닌 시장에서 해당 부동산을 어떻게 평가할지를 판단하는 것이 가장 중요하다. 실제로 이 과정에서 자산가치 하락을 경험한 사람이 수없이 많다는 점을 명심하자.

4 자녀의 학비, 결혼 때문에 황금 거위의 배를 가르지 말자.

이 시기에 가장 큰 돈이 들어가는 항목은 자녀의 학비와 결혼 자금인 경우가 많다. 그러나 과거보다 평균수명이 길어진 만큼 은퇴 이후에 더 많은 자금이 필요하다. 따라서 자녀 교육과 결혼을 위해 지출하더라도 그 한도가 황금 거위의 배를 가르는 수준까지 가면 안 된다. 쉽게 말해서 보유한 아파트를 처분해 학비와 결혼 자금을 마련하는 것은 금물이라는 뜻이다. 부동산을 처분하지 않고 돈을 마련할 수 있는 전세로 자금을 확보한다거나 담보 대출을 증액하는 방식을 통해 배를 가르지 않는 것을 원칙으로 해야 한다. 한번 줄어든 자산은 다시 키우기가 쉽지 않다.

02 월급을 대체할 파이프라인 구축하기

50대 이상은 부동산을 어떤 목적으로 구입해야 할까? 자산 형성기에는 '자산 증식'이 1순위여야 하고, 자산 안정기에는 '보유 수익'이 1순위여야 한다. 자산의 규모와 상관없이 생활비를 담당하던 주 수입원이 지속될지, 사라질지에 따라 판단하면 된다.

생활비를 담당하는 수입은 월급이 가장 대표적이다. 안정적인 직장을 가졌다 해도 50세 정도가 되면 이 회사를 얼마나 더 다닐 수 있을지 불안해진다. 그래서 월급을 대체할 수 있는 수입원이 중요하다.

월급 = 생활비

직장 = 월급

은퇴 = 생활비 필요

생활비는 3가지 특징이 있다. 숨만 쉬어도 나가고, 매달 내야 하고, 살아 숨 쉬는 한 지속적으로 지출된다. 지출이 고정적이고 반복되는 만큼 생활비로 쓰이는 수입원은 지속성이 보장되어야 한다. 이 조건을 채우지 못하면 채워지지 못한 부분이 마이너스(추가 자금)로 남게 된다. 그렇다면 은퇴 이후에 들어가는 생활비를 어느 정도로 예상해야 할까? 보험회사들이 제공하는 데이터가 많지만 여기서는 부동산 측면에서 검토해 보자.

2021년 현재 만 55세인 사람들의 평균 기대수명이 90세라고 가정하면 여성의 평균 기대수명은 대략 92세로, 남편 없이 홀로 보내야 하는 기간이 최소 7년 이상으로 추정된다. 평균 기대수명에서 은퇴(퇴사) 시점을 빼면 자족 기간이 나온다. 이 기간이 길수록 풍요로운 삶이라고 할 수 있다.

평균 기대수명 – 은퇴 시점 = 자족 기간

자족 비용 = 월 생활비 × 자족 기간

55세 부부 기준 월 생활비가 200만 원인 사람의 자족 기간은 90년 – 55세 = 35년이고, 자족 비용은 35년×200만 원×12개월 = 8억 4,000만 원이다. 은퇴 시점에 적어도 8억 4,000만 원의 자금이 필요한 것이다. 이 금액을 인식하는 순간 걱정이 밀려온다. 은퇴를 앞둔 사람 중 이 정도의 은퇴 자금을 확보한 이는 많지 않을 것이다.

그래서 월급을 대체해줄 대안이 필요하다. 부동산이 스스로 일해서 생활비를 지급할 수 있어야 한다. 즉 이 시기에는 가치 상승 가능성이 중요한 것이 아니라 자신에게 생활비를 줄 수 있는 부동산이 최고의 부동산이다. 그 역할을 해줄 부동산을 경매로 어떻게 확보할 수 있는지 사례를 통해 알아보자.

왜 경매여야 할까? 동일한 자금을 가지고 매매로 생활비 통장을 마련할 때와 경매를 통해 마련할 때 얼마나 차이가 나는지 비교해 보자.

30세 이상의 평균 연봉: 3,600만 원 | 월급: 300만 원

현재 은행 금리: 1%

시장수익률: 3%(서울 소재 부동산, 근린주택 등)

은퇴 직전의 월급이 나오게 하려면 얼마가 필요한 것일까?

매매의 경우: 12억 원

경매의 경우: 10억 2,000만 원(낙찰가율 85% 수준)

300만 원의 임대료를 기준으로 하면 경매는 1억 8,000만 원 더 적게 소요된다. 자금이 동일하다고 가정할 때 생활비를 15% 더 증가시킬 수 있는 것이다. 경매로 수익형 부동산을 얼마나 싸게 낙찰받느냐에 따라 생활비로 쓸 수 있는 금액도 그만큼 늘어난다.

현재는 대출 금리와 시장수익률이 거의 비슷하다 보니 대출을 받았을 때의 이득이 없어 비교하지 않았다. 상가와 경매에 대한 지식의 차이에 따라 보유 자금으로 만들 수 있는 생활비의 규모가 달라지므로 미리미리 공부해 두는 것이 좋다.

03 상가 낙찰로 월급 통장 만들기

어느 날 예전 수강생 중 한 명에게 전화를 받았다. 평범한 주부인데 회사원인 남편이 또래보다 일찍 은퇴하기로 함에 따라 월급을 대체할 수 있는 수익형 부동산을 구입하고 싶다는 내용이었다.

나이: 55세 | 은행 퇴사 | 현금: 3억 원 | 월급: 약 500만 원

남편이 은행에 다니고 있지만 은퇴의 기로에 놓여 있다고 했다. 나이는 55세로 아직 몇 년 더 다닐 수 있지만, 퇴사하여 자유롭게 일하면서 월급에 준하는 수입을 얻고 싶어 했다. 한마디로 현재 받는 월급 정도의 임대료가 나오면 좋겠다는 뜻이었다. 월급보다 월세가 적다면 몇 년 더 회사에 다니면서 자금을 확보하는 편이 낫기 때문이다. 이 부부에게는 비즈니스 센터가 적합한 아이템이었다. 가격 상승 폭은 작은 반면 매월 들어오는 수입을 극대화한 공간 임대업종이기 때문이다.

❶ 월급을 대체할 정도의 월세가 나올 것
❷ 집 근처에 위치해 관리가 편할 것
❸ 보유 현금은 3억 원

3억 원의 가용 자금으로 매입 가능한 부동산을 찾아보았지만 비즈니

스 센터를 위한 인테리어 비용이 부족했다. 그래서 경매로 방향을 잡고 물건을 검색하기 시작했다. 아래에 소개하는 경매물건은 자금이 넉넉하지 않은 상태에서 경매로 인테리어 비용을 절약해 원하는 만큼의 생활비 통장을 마련한 사례다.

고양시 덕양구 화정동 비즈니스 센터 경매물건 정보(출처 : 지지옥션)

■ 위치

3호선 화정역에 있는 상가로 CGV가 입주한 핵심 건물에 위치해 있다. 화정역은 일산 신도시 상권과 비교할 때 규모면에서는 떨어지지만 지역 상권으로는 안정적인 편에 속한다. 뒤로 덕양구청, 세무서, 우체국이 있어 행정 업무를 보기에도 최적의 조건이다. 화정역을 중심으로 남쪽은 '화정로데오'라고 불리는 먹자상권이 형성되어 있고 화정 버스터미널, 이마트가 위치해 다양한 고객층이 존재하는 훌륭한 상권이다.

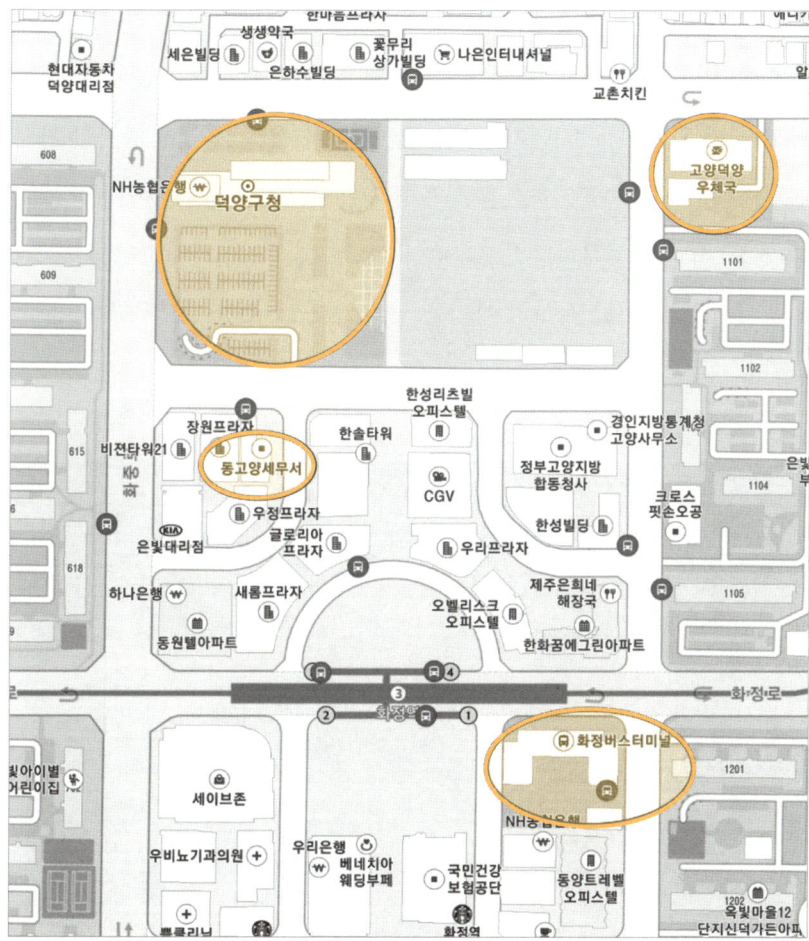

┃ 오피스 상권 내 필수 시설인 구청, 세무서, 우체국, 터미널 ┃

- **내부 시설**

내부 시설을 체크해 보니 기본적인 인테리어는 평균 수준이었다. 2010년 사업자등록이 된 것으로 보아 입찰 당시에는 지어진 지 5년 정도 지난 물건이었다. 사무실로 구획된 룸은 총 16개로 각 룸의 크기는 좀 큰 편이었다. 이처럼 내부에 칸막이 작업이 많은 경우는 인테리어 단가가 높은 편이다. 시설을 고려해볼 때 1억 원 이상 투자한 것으로 보였다. 보통 인테리어 시설은 10년가량 사용할 수 있기 때문에, 입찰 당시의 가치는 이미 사용된 연수 5년을 감안해 최대 5,000만 원 정도로 평가되었다. 이 정도 시설을 공사한다면 8,000만 원 정도는 족히 들어간다. 이를 감안하여 기본 설치된 시설의 가치를 5,000만~8,000만 원으로 최종 산정했다.

‖ 경매물건의 외관 ‖

- **임차인**

말소기준권리가 되는 근저당의 설정일은 2007년 12월 20일로, 사업자등록일이 2010년 7월 21일인 점을 감안하면 이 물건의 임차인은 후순위다. 따라서 비즈니스 센터를 운영하는 임차인은 보증금 배당 여부에 상관없이 인도명령 대상자에 속해 낙찰자가 명도 후 직접 비즈니스 센터를 운영할 수 있다. 비즈니스 센터 창업을 목적으로 낙찰받는 것이기에 임차인과 재계약을 맺지 않고 명도하기로 계획을 세우고 입찰에 참여했다.

임차인현황						
임차인/대항력		점유현황	전입/확정/배당	보증금/월세	예상배당액 예상인수액	인수
장OO	無	[점포/909호] 909호 소호비젼 점유2010.06.30~	사업 2010-07-21 배당 2015-04-01	보 15,000,000 월 1,000,000 환산 115,000,000		소멸
장OO	無	[점포/910호] 910호 소호비젼 점유2010.06.30~	사업 2010-07-21 배당 2015-04-01	보 15,000,000 월 1,000,000 환산 115,000,000		소멸
임차인수 : 2명 / 보증금합계 : 30,000,000 / 월세합계 : 2,000,000						

〈9층910호〉 임차인점유. 임차인으로부터 점유관계 확인
〈9층909호〉 임차인점유. 임차인으로부터 점유관계 확인. 임차인은 909호와 910호에 24실의 소규모 소호(Small Office Home Office)사무실을 만들어 운영하고 있음. 909호와 910호는 벽면이나 경계구분이 없이 하나의 사무실로 사용되고 있음. 임차인은 '등록사항 등의 현황서(909호)'상 등재되어짐. 임차인은 동일한 임차인으로서 보증금 및 차임 등 임차내역도 909, 910호에 대한 것임

등기부현황 (열람일자:2015-02-11)						
접수일자	권리종류	권리자		채권금액 예상배당액	말소	비고
2007-12-20	소유권	김OO				전소유자:굿윌에셋
2007-12-20	근저당권	한국외환은행 당산역		481,000,000 481,000,000	말소	말소기준등기
2014-03-07	근저당권	▇▇▇		30,000,000 25,042,971	말소	
2015-01-22	임의	▇▇▇			말소	경매기입등기
등기부채권총액 : 511,000,000						

∥ 임차인 및 등기부 현황 ∥

- **물건 가치**

CGV가 있는 건물임에도 상층부에는 공실이 몇 개 있고, 임대 시세가 높지 않아 매매가도 높은 편은 아니었다. 감정가로 설정된 5억 300만 원은 거의 시세에 가까웠다. 상가는 감정가가 시세보다 높은 경우가 많은데, 분양 시점에서 한참 지나서인지 거래 사례 등이 있어 시세를 반영해 감정평가가 된 것으로 보인다.

- **입찰 전략**

이 부동산의 가치는 5억 원에서 최대 5억 2,000만 원 선이다. 상가 투자자라면 당연히 매각 차익을 얻기 위해 1회 유찰 후 입찰하는데, 이 물건은 유찰될 경우 높은 가격에 낙찰될 것으로 예측되었다. 왜냐하면 이 물건처럼 시설에 많이 투자한 임차인일수록 재계약 확률이 높을 수밖에 없기 때문이다. 따라서 낙찰을 받는다면 재계약이 담보된 것이나 마찬가지여서 투자자들이 선호하는 물건에 속한다.

이런 경우에는 1회 유찰이 되면 경쟁이 치열해지고, 결국 전회 차 최저가를 넘겨 낙찰되는 사례가 발생한다. 임차인이 가져가지 못할 시설물의 가치가 최소 5,000만 원이므로 안정적으로 100%대에 입찰하기로 결정했다. 시설 가치를 더해 5억 5,000만 원의 물건을 대략 5억 원에 낙찰받는 것이니 비싸지는 않다는 판단이었다. 단독으로 입찰해 낙찰받았다.

매각과정					
회차	매각기일	최저가	비율	상태	접수일~
①	2015.07.29 (10:00)	503,000,000	100%	매각	190일
		매수인 하OO / 응찰 1명 매각가 510,590,000 (101.51%)			납부완료 (2015.09.09)
	2015.10.13			종결	266일

‖ 매각 과정 ‖

- **명도**

임차인은 재계약을 예상했는데 직접 사용하기 위해 낙찰받았다고 하니 많이 놀라는 눈치였다. 그도 그럴 것이 3년 전에 시설 권리금 8,000만 원을 주고 들어왔기 때문이다. 3년 정도 사용했으니 임차인도 크게 손해는 아니었다. 손실을 최소화하기 위해 에어컨은 가져가겠다고 해서 그렇게 하라고 했다. 약간의 이사 비용을 주는 선에서 명도는 원만하게 마무리되었다.

- **인테리어**

명도 후 인테리어 공사를 위해 현장을 방문해 보니 출입문이 사라졌다. 임차인이 문짝을 떼 간 것이다. 문짝이 얼마나 한다고 떼어 갔을까 싶겠지만 문 가격에서 문짝이 8할을 차지한다. 보통 방문의 가격이 35만 원 선이니 문짝은 25만 원 정도다. 사무실 호수가 16개이므로 16개 × 25만 원 = 400만 원이다. 물론 사용했던 문이라 가치는 떨어지지만 적지 않은 금액임에는 분명하다.

떼어 갔다고 해도 16개나 되는 문을 사용할 곳이 있을까 싶었다. 중고로 넘기면 쓰레기나 마찬가지다. 아무래도 동일한 사업을 계속하기 위해 떼어 갔다는 생각이 들어 알아보니 인근에 다시 비즈니스 센터를 오픈했다고 한다.

에어컨이나 문을 임차인이 떼어 가도 될까? 당연히 된다. 낙찰자는 건물을 낙찰받은 것이지 그 건물 안에 설치된 시설물까지 포함해서 낙찰받은 것이 아니기 때문이다. 임차인이 아닌 소유자의 시설도 마찬가지다. 따라서 입찰 전에 분리가 가능한 시설인지 체크해야 하고, 그렇게 남겨진 시설이 유용한 것인지, 쓸모없어 철거해야 하는 쓰레기에 불과한지 미리 파악하는 것도 가치분석에 포함된다.

필자는 인테리어 경력이 20년이 넘기 때문에 시설물의 가치를 비교적 정확하게 파악할 수 있다. 이 점이 부동산에 투자할 때 엄청난 차이를 만든다. 물론 필자처럼 분석하기 위해 모든 사람이 인테리어를 배울 필요는 없다. 하지만 기본 지식을 알아두면 정말 유용하게 써먹을 수 있다. 적어도 부동산 투자에서는 말이다.

방이 크면 임차인을 구하기 어려울 것 같아서 몇 개의 방은 칸막이를 설치해 나눴다. 일부는 복도 쪽으로 문을 내 긴 복도에 접한 사무실로 만들었다. 떼어 간 에어컨은 다시 구입하고, 남아 있던 에어컨 배관을 잘 살려 사용했다. 에어컨 가격도 무시 못 할 수준이지만 배관에 드는 비용 역시 상당하다. 에어컨 배관은 한번 구부러지면 변경이 어려워 대부분 다시 설치해야 하는데, 기존 방 구조를 크게 바꾸지 않아 비용을 절약할 수 있었다. 부족했던 부대시설인 회의실, 커피, 음료 등도 더 보완했다. 기존 시설을 최대한 활용한 덕에 추가 인테리어 자금은 가구 등 집기를 모두 포함해 8,000만 원 정도였다.

보통 200m^2 전후의 비즈니스 센터는 시설비가 1억 5,000만 원가량 소요되므로 최종적으로는 7,000만 원 정도를 절약한 셈이다. 이 물건처럼 기존 시설을 잘 활용하면 투자비를 줄여 월세 수입을 극대화할 수 있다. 의뢰자는 5년이 지난 지금도 잘 운영하고 있다고 한다. 코로나19로 월세가 조금 줄기는 했지만 자영업에 비할 바는 아니어서 비즈니스 센터를 선택한 것을 아주 만족해하고 있다.

　이처럼 공간 임대업은 안정적인 수익이 나오는 파이프라인 역할을 하기 때문에 은퇴자들에게 매우 적합한 아이템이라고 할 수 있다. 모든 부동산 아이템은 시간이 흐름에 따라 변화하고 발전하기에 비즈니스 센터도 초창기에 비해 경쟁이 심해지면서 수익률이 줄기는 했지만, 늘 물가상승률 이상은 기록하고 있어 여전히 훌륭한 수익형 부동산이다.

▮ 리모델링 전 ▮

▮ 리모델링 후 ▮

04 모두의 로망_꼬마빌딩

언제부터인가 '꼬마빌딩'이란 단어가 등장하기 시작하더니 지금은 모든 이들의 로망이 되었다. 정식으로 분류된 부동산 형태도 아니다. 아파트 가격으로 구입이 가능한 금액대의 빌딩을 의미한다고 보면 된다. 아파트를 매도한 자금으로 구입할 수 있는 범위의 건물이어야 하다 보니 아무래도 대로변은 어렵고, 이면도로에 있는 건물이 대부분이다. 불과 몇 년 전까지만 해도 15억~20억 원 정도의 물건이 많이 있었지만, 아파트 가격 상승의 여파로 토지 가격도 함께 올라서 이제는 20억~40억 원대의 건물이 꼬마빌딩에 속한다.

꼬마빌딩은 매매 시장에서도 매도자 우위 시장이다. 즉 가격결정권을 매도자가 쥐고 있다는 뜻이다. 이자를 지불하고도 충분한 월세가 나오기 때문에 피치 못할 사정이 생기거나, 후회하지 않을 정도의 가격으로 매각할 수 있을 때를 제외하고는 굳이 팔려고 하지 않는다. 이런 이유로 계약 당일에도 가격이 올라가기 일쑤다.

경매는 어떨까? 경매에서도 꼬마빌딩은 시세에 준해 낙찰되는 편이다. 경매라고 해서 싸게 낙찰받지는 못한다는 얘기다. 그럼 왜 경매를 살펴봐야 할까? 1장에서 언급했듯이 우리는 분양, 매매, 경매 등 3가지 구입 방법을 다 알고 있어야 하고, 이들 각각의 시장을 들여다볼 수 있어야 한다. 매매로는 나오지 않는 물건이 경매로는 나올 수 있기 때문이다.

좋은 부동산일수록 매매 시장이 살아 있으면 경매로 나올 확률이 낮다. 그럼에도 좋은 물건이 경매로 나오기도 한다. 경매로 나오는 꼬마빌딩은 크게 2가지다. 아주 좋거나, 아주 나쁜 물건이거나. 아주 나쁜 물건에 대해 굳이 설명할 필요는 없을 테고, 아주 좋은 물건이 경매로 나오는 이유는 다음 3가지다.

❶ 공유물분할

꼬마빌딩은 부모로부터 증여·상속을 받아 형제끼리 보유하는 경우가 많다. 서로 의견이 맞지 않아 매도 시기를 못 정하거나 성향이 맞지 않으면 공유물분할 청구소송을 하게 되고, 현물 분할이 어려운 특성상 '형식적 경매'로 나오게 된다.

❷ 복잡한 권리관계

부동산 현황이 좋은데도 임차 보증금이 상당해 매각 금액을 받아도 실익이 별로 없는 상황에서 예고등기, 소유권이전등기, 법정지상권, 유치권 등 심층 분석이 필요할 정도로 권리가 복잡한 물건은 매매 시장에서도 기피 대상이다. 이 경우 매매 시장에서 소화되지 못하고 어쩔 수 없이 경매로 넘어오게 된다.

❸ 금액이 클 때

금액이 커서 짧은 시간 안에 매각해 채권을 상환할 수 없는 자금경색 상황에 처했을 때 경매로 넘어가게 된다. 최근에는 이러한 사례 말고도 주택 규제의 영향을 받기도 한다. 다음 사례처럼 상가와 주택이 혼재되어 있는 경우, 바뀐 규제에 의해 일부 면적이라도 공부상 주거시설에 해당하면 주택 수에 포함된다.

똘똘한 아파트 한 채에 대한 선호 현상이 뚜렷해진 현재, 근린주택을 구입하면 기존 아파트에 대한 비과세 혜택이 사라져 주거 면적이 있는 꼬마빌딩이 투자자로부터 외면을 받고 있다. 당분간은 건물 전체가 근린생활시설로 구성된 건물보다는 주거시설이 있는 물건이 경매로 나올 가능성이 높다.

05 꼬마빌딩 낙찰받아 생활비 통장 만들기

꼬마빌딩은 감정평가 시점이 머지않아 감정가가 시세에 근접하면 신건에 낙찰되는 편이다. 이 때문에 검토할 시간이 넉넉하지 않다. 법원의 매각 공고가 입찰 2주 전에 나오다 보니 검토 시간이 항상 부족하다. 꼬마빌딩이 1회 유찰되었다가 다시 감정가 이상으로 낙찰되는 사례가 많은 이유다. 사례로 든 경매물건은 혜화역과 성균관대학교 인근의 근린주택이다. 토지 면적이 92m^2에 불과하지만 상가용 2개, 주거용 2개 등 총 4개 층으로 구성된 꼬마빌딩이다. 이 물건은 경매정보 이미지를 첨부하지 못했다. 이해관계인이 서류 열람을 금지해 검색이 불가능하기 때문이다.

▌ 경매물건의 외관 ▌

- 위치

모든 부동산은 당연히 위치가 가장 중요하지만 용도지역도 함께 고려해야 한다. 혜화역 상권은 번화한 대학로 거리를 끼고 있음에도 모두 주거지역이다. 역세권치고는 상업지역 면적이 작다는 특징을 가지고 있는 것이다. 성균관대 인근 대로변에 상업지역이 일부 존재하는데, 이 물건이 소재한 곳이 바로 상업지역이다. 높은 용적률이 적용되는 상업지역의 가치가 당연히 주거지역보다 더 높다. 성균관대 방향으로 상권이 확장되고 있지만 아직 이 물건이 위치한 곳까지 유동인구가 넘어오지는 않고 있다. 다만 입찰 당시 물건 인근에 교회와 오피스텔이 신축 예정이어서 완공 시 동선이 더 확대될 것으로 보여 이보다 더 좋을 수 없었다.

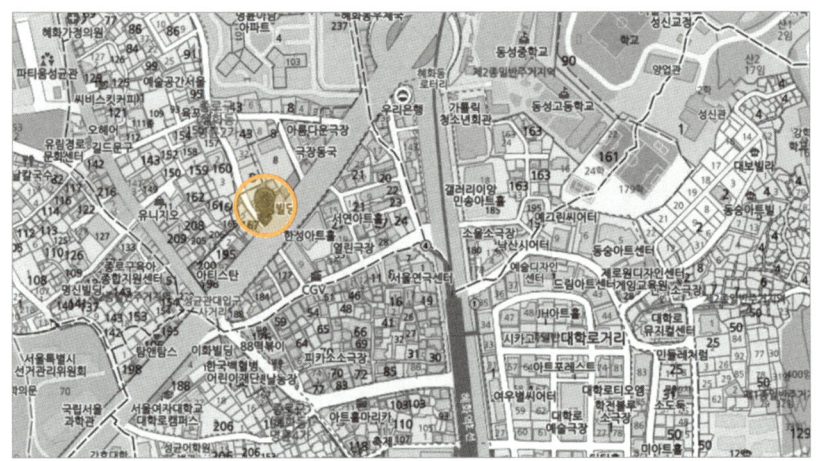
‖ 경매물건의 위치 ‖

　성균관대가 인근에 있어 오피스텔 등 소형 평수에 대한 수요는 많은데 그에 알맞은 상품이 눈에 띄지 않았다. 주차가 필요 없는 임차인 위주로 리모델링을 해야 했기에 셰어하우스 콘셉트로 정하고 그에 맞는 도면을 작성했다. 여성 전용으로 정하고 3층은 전체를 철거해 1인실로, 4층은 방을 작게 나누기가 불가능해 벽체를 그대로 두고 2인실로 방향을 잡았다.

　1950년도에 지어진 목조 구조를 기본으로 하는 건물이다 보니 공사 과정에 어려움이 많았다. 아파트가 아닌 이상 모든 건물은 말썽꾸러기 삼형제가 있다. 바로 수도, 전기, 하수도다. 이들은 벽체 내부에 시설을 해야 하기 때문에 필자는 이 삼형제를 사람의 혈관에 비유하곤 한다. 겉으로는 멀쩡해 보이지만 어느 순간 동맥경화나 뇌출혈이 오기도 하기 때문이다.

경매라서 문제가 많은 것일까? 아니다. 매매도 마찬가지고, 신축을 해도 마찬가지다. 우리나라는 사계절이 있어 날씨에 따라 건축자재가 수축, 팽창하는 과정에서 문제가 발생한다. 하자가 생기기 아주 좋은 조건인 것이다. 따라서 문제가 발생할 확률이 높다는 점을 미리 인지해 두자. 그래야 사건이 터졌을 때 슬기롭게 마음을 추스를 수 있다. 건물주 연습이라 생각하고 즐기기 바란다.

건축용도: 근린주택

근린생활시설(상가)과 주거시설이 혼합된 건물을 상가주택, 근린주택으로 구분한다. 이 물건은 1~2층은 상가, 3~4층은 주택으로 구성되어 있다. 임대시세 조사 결과 건물 전체에서 나올 수 있는 월세는 500만 원 중반대까지 가능할 것으로 보였다. 다만 인근의 주거시설이 너무 좋지 않아서 전세는 잘 나가겠지만 월세가 시세대로 계약이 될지는 미지수였다. 그래서 3~4층 내부를 리모델링하기로 방향을 잡았다.

문제는 주차였다. 과거 건폐율이 80%까지 가능하던 때에 지어진 건물이라서 주차 공간이 없었다. 스리룸 이상 전세, 월세를 놓으려면 주차가 확보되어야 하는데, 주차 불가 조건으로 전세를 놓는 것은 불가능하기 때문이다.

‖ 철거 중인 꼬마빌딩 내부 ‖

옛날 건물은 단열이 좋은 편이 아니어서 외벽 쪽 벽면은 단열 보강공사를 해주는 것이 좋다. 가벽을 세우면 8cm가량 내부 공간이 좁아지므로 크기가 작은 방일 경우 이 점을 고려해야 한다.

인근에 대학교가 있는 데다 유흥상권이라 원룸 수요가 충분해서 셰어하우스가 적당하다고 판단했고, 예상은 적중했다. 공사가 끝난 지 1개월 만에 임차 계약을 모두 완료했다. 입주자는 직장인 수요도 있어서 학생과 직장인 비율이 5 대 5였다. 원활한 관리를 위해 여성 전용으로 운영 중이며, 공용 공간 청소와 재활용품 관리를 위해 일주일에 한 번 정도 시간을 할애해서 직접 관리하고 있다.

2개 층을 셰어하우스로 운영하면서 월세 수입이 2배로 늘어났다. 셰어하우스는 상가보다 아무래도 임차인 관리에 손이 더 간다. 그러나 셰어하우스 입주자 9명으로부터 400만 원가량의 월세가 들어오므로, 관리

▌리모델링 후 4층 방 ▌

에 들어가는 시간과 노력을 고려해도 월급 통장을 대신하기에 충분하다. 또한 꼬마빌딩은 깔고 앉은 토지의 가치가 지속적으로 상승하기 때문에 보유하는 동안 자산가치가 떨어질 염려도 없다.

 매매 시세에 준해서 낙찰을 받아도 리모델링 등을 통해 월세를 높이면 수입도 늘어나고 건물의 가치도 상승시킬 수 있다. 꼬마빌딩은 어떤 주인을 만나느냐에 따라 건물의 용도나 모습이 확 바뀔 수 있다.

▎리모델링 후 4층 거실과 화장실 ▎

06 노후를 위한 두 번째 집_ 전원주택 & 세컨드 하우스

은퇴 시점이 되면 긴 도시 생활에 지쳐서 자연환경을 갖춘 전원주택에 대한 관심이 커진다. 자녀들이 출가한 후 부부 둘만의 가족 형태로 회귀하는 시점이기도 하다. 따라서 주거 면적과 위치, 형태의 변화가 필요하고, 이 과정에서 전원주택에 대한 갈망이 커진다. 행복한 전원생활과 효과적인 부동산 재테크를 위해서는 다음과 같은 원칙을 고려해야 한다.

❶ 전원주택, 세컨드 하우스 계획이 있다면 매매로 사지 말자.

남은 평생을 살 집이라 몇 년씩 신중하게 검토한 후에 구매 혹은 신축한 집이라도 훗날 신상에 변화가 생겨 그 지역을 떠나게 될 가능성이 있다. 건강상의 문제 때문에 병원 근처로 옮겨야 해서, 자녀의 육아를 도와줘야 해서, 기대했던 전원생활이 아니어서, 지역색이나 텃세가 강해 적응이 쉽지 않아서, 급하게 자금이 필요해서 등등, 생각보다 다양한 이유로 인해 도시로 회귀하거나 집을 처분해야 하는 상황에 놓이게 된다. 이처럼 예상치 않게 집을 다시 팔거나 임차인을 구해야 할 때 전원주택은 그러기가 쉽지 않다. 따라서 처음 몇 년간은 점검 차원에서 살고 싶은 지역이나 집을 골라 임대로 살아본 다음에 결정하는 것이 좋다.

❷ 사줄 사람이 손쉽게 구입이 가능한 금액이어야 한다.

유동성이 떨어지는 전원주택이나 세컨드 하우스를 재산의 대부분으로 구성하면 변수 발생 시 제 가치대로 팔지 못해 자산가치의 하락을 경험하게 된다. 고급 타운하우스들의 실패를 기억하자. 매매 가격이 높으면 그만큼 구입할 수 있는 고객층이 줄어든다. 누구나 구입 가능한 금액대여야 하는 이유다.

❸ 지나치게 개인 취향의 주택을 짓지 않도록 한다.

매매나 경매에서 가격이 크게 떨어지는 집들은 특징이 있다. 위치도 위치지만 주택의 마감재나 구조가 독특하다는 것이다. 누구나 집을 지을 때는 본인이 꿈꾸던 라이프스타일을 반영해 설계하게 마련이다. 문제는 본인이 사는 동안은 맞춤옷처럼 딱 맞아 만족도가 높지만, 다른 사람에게는 맞지 않아 사줄 사람이 없다는 점이다. 그 과정에서 건축할 때 들어간 건축비, 인테리어비 등은 철거비로 바뀌어 공중으로 사라져 버린다. 결국 토지 가격만 겨우 충족시킨 헐값에 울며 겨자 먹기로 매각되는 사례가 많다.

④ 가능하면 신축보다 구축을 사자.

앞서 설명했듯이 전원주택은 설계되는 순간 아파트와 달리 건축비가 감가상각된다. 따라서 이미 건축된 주택을 구입한 뒤 리모델링을 하면 투자 자금을 줄일 수 있다.

여러모로 따져볼 때 경매로 전원주택, 세컨드 하우스를 구입하는 것은 좋은 전략이 될 수 있다. 그렇다면 전원주택과 세컨드 하우스 구입을 위한 최적의 조건은 무엇인지 자세히 살펴보자.

전원주택·세컨드 하우스 구입 시 최적의 조건

1. **2억 원이 넘지 않을 것.**
   도심지의 빌라나 오피스텔 정도의 자금이면 적당하다. 이 때문에 2억 원대 주택의 수요가 많다.
2. **토지 면적은 500㎡를 넘지 않을 것.**
3. **주택 면적은 총 100㎡를 넘지 않을 것.**
4. **현재는 예쁘지 않지만 화장을 하면 예쁠 주택을 고를 것.**
   현황이 예쁜 주택은 당연히 많은 사람에게 선택을 받으므로 매입 가격이 싸지 않다. 반대로 현재 예뻐 보이지 않는 주택은 생각보다 가격 할인이 많이 된다. 할인을 많이 받아서 구입을 해야 향후 매각을 하더라도 리스크가 작다.
5. **집 내부보다 조경에 더 투자할 것.**
   동일한 자금을 집행한다면 집 내부(인테리어)보다는 마당(아웃테리어)에 더 신경 쓰는 것이 좋다. 주택 내부는 사람에 따라 취향이 제각각이기 때문이다.

07 볼품없는 농가주택 낙찰받아 개조해서 이룬 꿈

필자는 2009년에 경매를 배우기 시작해 2014년에 경매학원 원장이 되었다. 다른 이들의 꿈을 이루어 주고 싶은 마음을 담아 학원 이름을 '이룸'으로 지었다. 학원 이름을 딴 '이룸 경매인의 밤'이라는 이벤트도 진행했었다. 재테크를 할 때는 목표 의식이 명확해야 꿈을 이룰 수 있는 확률도 커지기 때문이다.

> **'이룸 경매인의 밤' 이벤트**
>
> 1 이루고 싶은 꿈을 한 줄로 적기
> 2 꿈에 대해 다른 사람들 앞에서 공표하기
> 3 꿈을 이뤄주는 나무에 1년 동안 걸어두기
> 4 1년 뒤 자신의 꿈을 어느 정도 이루었는지 점검하기

　20명이 넘는 수강생의 꿈 비전식이 약 두 시간에 걸쳐 진행되었다. 꿈을 적은 쪽지는 코팅 후 매주 수업 때마다 리마인드할 수 있게 학원 로비에 있는 나무에 걸어두었다. 그중 자신만의 노력으로 꿈을 이루어낸 한 수강생의 사례를 소개하려고 한다. 이 사례는 리모델링 수업에 자주 인용할 만큼 공사 전후의 모습이 극적으로 다른 케이스다.

　사례의 주인공은 얼핏 보면 UFO처럼 보이는, 농부의 상징인 밀짚모자 그림과 함께 '좋은 농부'를 뜻하는 영어 단어가 적힌 종이를 들고서 자신의 꿈에 대해 설명했다. 고추도 심고 옥수수도 키우면서 평일에 직장에서 느꼈던 업무의 중압감과 스트레스를 벗어 던질 수 있는 세컨드 하우스를 근교에 마련하는 것. 아마 50대 이상의 남자들이라면 격하게 공감할 것이다. 실제로 50대 남성들의 최고 버킷리스트가 귀농, 귀촌인 경우가 많다. 그럼 경매를 통해 허름한 농가주택을 낙찰받아 매주 조금씩 수선해 가면서 세컨드 하우스에 대한 로망을 이루어 가는 과정을 자세히 살펴보자.

▌경매로 농가주택을 낙찰받은 수강생과 그의 꿈이 적힌 쪽지 ▌

❶ 경매물건 검색

1억 원 미만의 주택을 검색하다 강화도의 허름한 집을 발견했다.

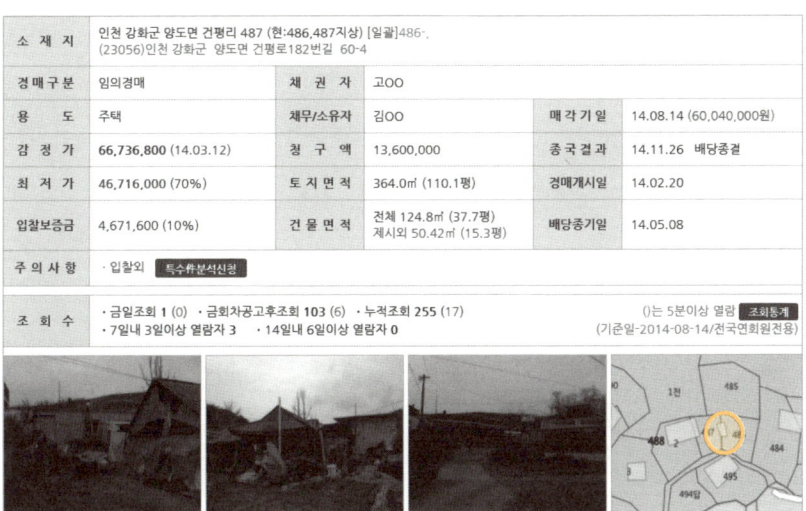

▌인천시 강화군 농가주택 경매물건 정보(출처 : 지지옥션) ▌

인생의 가을

❷ 현장 답사

집 내부까지 쓰레기가 가득했고, 거동이 불편해 보이는 60세가량의 아주머니가 거주하고 있었다.

┃ 경매물건의 외관 ┃

❸ 낙찰

쓰레기 같은 집이어서 그런지 단독 입찰이었다. 입찰가 6,000만 원은 토지 가격보다 싼 금액이었으므로 입찰가가 잘못된 것은 아니다.

| 매각과정 |

회차	매각기일	최저가		비율	상태	접수일~
①	2014.07.15 (10:00)		66,736,800	100%	유찰	146일
②	2014.08.14 (10:00)	↓30%	46,716,000	70%	매각	176일
		매수인 매각가	/ 응찰 1명 60,040,000 (89.97%)			납부완료
	2014.11.26				종결	280일

┃ 매각 과정 ┃

❹ 철거

집 안팎에 쌓여 있던 쓰레기를 1톤 트럭으로 14번 가져다 버렸더니 내부 구조가 비로소 드러났다.

‖ 슬레이트 지붕 철거 ‖

서까래가 보여 조심스레 철거했다.

‖ 서까래 철거 ‖

❺ 마감

서까래의 나무가 일률적이지 않아 나무판자로 맞춰가며 천장을 마감했다.

∥ 천장 마감 ∥

❻ 보강

지붕 구조가 되어줄 스틸 프레임을 올렸다.

∥ 스틸 프레임 설치 ∥

❼ 단열

지붕으로 빠져나갈 열 손실을 방지하기 위해 단열재를 시공했다.

‖ 단열재 시공 ‖

❽ 벽 철거 및 벽난로 타공

뒷마당으로 자유롭게 드나들기 위해 거실 창의 위아래 벽을 철거했다. 과거 창고에서 쓰던 화목난로의 나무 주입구와 연통 부분은 외부로 두고, 몸통만 거실 내부로 집어넣기 위해 벽에 구멍을 뚫는 작업을 하루 종일 진행했다.

‖ 벽 철거와 벽난로 타공 ‖

❾ 배관

▌배관 작업▐

❿ 데크, 외부 수도, 울타리

울타리는 파란색 페인트로 칠했다.

▍데크, 외부 수도 및 울타리 작업 ▍

⑪ 주택 외관

‖ 공사 후 주택 외관 ‖

⑫ 조경

전원주택의 핵심은 조경이다. 많은 돈을 들이지 않아도 정성과 시간에 비례해 집의 가치가 몇 배나 상승한다.

‖ 조경공사 ‖

⑬ 인테리어

서까래, 보가 드러나는 천장이 농가주택의 분위기를 잘 살려주고 있다. 나무는 직접 커피물을 들이고 기름을 발라 내추럴하게 마감했다. 큰돈을 들이지 않으려고 최대한 기존의 가구와 집기를 활용하여 나름 '믹스매치(mix & match)' 느낌이 나는 편안한 인테리어가 완성되었다.

▌내부 인테리어 ▌

14 전원생활

완성된 집 뒷마당에 들깨를 수확해서 말리고, 지붕 처마에는 곶감용 감을 깎아서 걸어두기도 한다. 집과 30분 거리지만 귀촌 느낌을 낼 수 있는 세컨드 하우스를 주말마다 쉬엄쉬엄 직접 공사해 6개월에 걸쳐 만들어 냈다. 공사를 직접 다 할 필요는 없다. 업체에 맡겨도 좋다. 가벼운 리모델링 작업은 새로운 즐거움을 맛볼 수 있으니 작은 범위라면 도전해 보자.

‖ 들깨와 감 ‖

・라이프사이클 키워드・
은퇴, 전원생활, 연금

・꼭 검토해야 하는 부동산 재테크・
매달 월급을 대신할 수 있는 파이프라인을 구축해야 한다.

주거형 오피스텔, 꼬마빌딩, 농지연금, 주택연금

・하면 안 되는 부동산 재테크・
환금성이 떨어지는 부동산은 보유하지 않는다.

서울 아파트를 팔고 전원주택을 사지 않는다.

01 60~100세 부동산 재테크 전략

나무는 겨울을 앞두고 힘겹게 나뭇잎을 떨구어 낸다. 낙엽 지는 모습은 보기에는 운치 있지만 알고 보면 나무가 겨울에 부족한 물 공급을 몸통으로만 집중시키기 위해 불필요한 잎을 떨어내는 작업이다. 인생에서 60세 이후는 생산 활동이 멈추는 겨울에 해당한다. 은퇴 이후 들어올 생산 소득은 없다고 보아야 하므로, 환금성과 월수입 두 가지를 반드시 확보해야 한다.

02 인생의 겨울을 준비하기 위한 기본 원칙

먼저 환금성이 떨어지는 부동산을 선별해 매각하고 현금화한다. 나무가 나뭇잎을 떨어뜨리는 것과 마찬가지 이유에서다. 부동산은 바로 매각이 어려워 환금성이 떨어지는 단점이 있다. 따라서 건강상의 이유로 급전이 필요하거나, 변수가 발생했을 때 제때 매각이 안 되면 '자금 경색'에 걸릴 수 있다. 이 때문에 보유할 부동산과 매각할 부동산을 선별해야 한다. 그럼 보유냐 매각이냐를 판단하는 기준은 무엇일까?

첫째, 인구가 많은 곳은 보유하고 인구가 적은 곳은 팔아라.

서울, 경기, 인천을 포함하는 수도권은 우리나라 전체 인구의 50%가

살고 있는 곳이다. 향후 인구가 줄어든다 해도 일자리와 인프라가 풍부한 지역을 벗어나기는 어렵다. 이런 이유로 부동산은 무조건 수도권과 광역시에 보유해야 한다. "거주지가 수도권이 아니면 어쩌라는 거냐?"라고 반문하는 독자도 있을 것이다. 이 경우 보유는 수도권(도시권)에 하고, 거주는 지방에서 임차로 하라고 말하고 싶다. 즉 전원생활을 하더라도 도심의 아파트는 팔지 말고 전세를 준 뒤 그 돈으로 전원주택에 전세로 들어가라는 뜻이다. 이것이 내 돈의 가치를 지키는 일이다.

둘째, 매수 수요자가 늘 대기하고 있는 부동산을 보유하라.

보유 순위: 아파트 〉단독주택 〉상가 〉토지

서울시내 주택 중 아파트의 비중이 70%에 이른다. 이미 지어진 아파트를 부수고 다른 상품으로 짓는 사례는 많지 않으므로, 당분간은 아파트가 시장 장악력을 유지할 수밖에 없다. 이로 인해 과거와 비교해서 아파트는 더욱더 강력한 주거 상품으로 자리 잡았다.

반대로 토지는 매각 1순위다. 토지 전문 중개업소에 따르면 매도를 원하는 고객이 100명이라면 매수하려는 고객은 5명에 그친다고 한다. 100 대 5라는 비율만 보아도 토지를 매각하는 것이 얼마나 힘든 일인지 알 수 있다. 이 때문에 토지 매각은 장기적 계획을 세워 접근하는 것이 좋다. 60세 이후 토지는 농지연금 같은 계획이 없는 한 매입하지 않기를 권한다.

셋째, 현금을 창출하는 부동산을 보유하라.

부동산 수익은 두 가지다. 첫째는 보유하는 동안의 수익 = 임대료, 둘째는 매각하면서 생기는 수익 = 매각 차익. 우리는 늘 이 두 마리 토끼를 다 잡고 싶어 하지만 이를 충족하기란 쉬운 일이 아니다. 그래서 60세 이후에는 보유하는 동안의 수익인 임대료에만 집중하는 것이 좋다. 베이비붐 세대의 은퇴가 가시화되기 시작한 2010년도부터 수익형 부동산의 개념이 대두되기 시작한 것도 이런 맥락에서다.

앞서 20대에 절대 하지 말아야 할 재테크로 오피스텔 분양을 언급한 바 있다. 반대로 은퇴 세대에게는 오피스텔이 좋은 대안이 된다. 오피스텔은 매각 차익이 크지 않은 상품이다. 그러나 상가보다 매각이 쉬워 환금성이 있다. 주거 상품이라서 안정성도 갖췄다. 매각 차익에 대한 기대를 버리고 보유하고만 있으면 매달 월급이 나오는 월급 통장이 될 수 있다. 월급이니 약간의 노동도 필요하다. 계약 체결, 수리 등으로 1년 중 수차례는 신경을 써야 한다. 관리가 필요 없는 부동산은 없다는 것을 명심할 필요가 있다. 이제 인생의 겨울 동안 꾸준히 물을 공급받을 수 있는 방법을 알아보자.

월급 = 매달 | 일정한 금액이 | 지속적으로 나온다.

매달 일정한 금액이 지속적으로 나와야 하는 이유는 일을 안 해도 생활비는 필요하기 때문이다. 약 30년간의 삶을 유지할 수 있는 최소한의 비용을 확보해야 한다. 이를 은퇴 자금이라고 하며 보험업계에서는 영업 포인트가 되기도 한다. 실물자산인 부동산을 통해 이러한 필요를 충족하면서 물가 상승으로 자산가치가 떨어지는 위험까지 방지해 보자.

　인생의 겨울을 준비하는 과정은 생각보다 복잡하다. 세금이 얽혀 있기 때문이다. 자신의 재산을 남기고 가도 상속세가 발생하고, 증여를 해도 증여세가 발생한다. '보유 & 매각' 전략을 짤 때는 상속·증여에 대한 부분까지 함께 검토해야 한다. 그러나 이 책은 경매 전략을 제시하는 것이 목적이므로 상속·증여를 다루지 않는다는 점을 양해해 주기 바란다.

03 은퇴자를 위한 연금 전략 Ⅰ_주택연금

보유 주택 외에는 자산이 많지 않은 은퇴자를 위한 전략이다. 주택연금은 만 55세부터 신청 가능하기 때문에 50대 전략에서 설명해야 하는 것 아닌가 싶겠지만, 사실 50대에는 이용하기가 쉽지 않다.

　라이프사이클을 다시 한 번 생각해 보자. 우리가 진정으로 은퇴할 수 있는 조건이 몇 가지 있다. 그중 하나가 자녀의 교육 및 결혼으로부터의 해방일 것이다. 최근 결혼이 늦어지면서 대부분 30세가 넘어야 출산을 한다. 그 후 자녀가 자라서 교육을 마치려면 적어도 20년의 시간이 더 필요하니, 은퇴를 처음 생각할 수 있는 시점은 50세다. 여기에 직장 생활을 시작해도 부모와 함께 거주하는 캥거루족이 많은 점을 감안하면, 진정한 의미에서 자녀가 독립하는 시점은 결혼이라고 보아도 무방하다. 정리하자면 자녀가 결혼을 통해 독립하는 시점이 현실적으로 은퇴가 가능한 시점이다.

부모가 출산한 나이(30세) + 자녀의 결혼 나이(30세) = 60세

평균적으로 60세 정도는 되어야 비로소 은퇴할 수 있다(이렇게 정의하고 나니 은퇴가 일에서의 해방뿐만 아니라 자녀 독립에 의한 부모 졸업의 의미도 있다는 생각이 든다). 이런 이유로 만 55세부터 신청 가능한 주택연금을 60~100세 주기에서 설명하는 것이다. 이 시기는 다시 가족 구성의 근본인 부부로 회귀하는 때로, 향후 40여 년간 부부의 생활비를 확보하는 것이 재테크의 원칙이 되어야 한다.

그런데 살고 있는 집이 재산의 전부라면? 이런 문제에 봉착한 사람들을 위한 재테크 방법이 바로 주택연금이다. 주택연금은 현재 보유한 주택을 가지고 신청해도 되지만, 가족이 줄었는데도 기존의 넓은 집을 그대로 유지할 경우 연금이 나와도 관리비 때문에 부담이 될 수 있다. 따라서 부부가 거주하기에 적당한 크기로 옮기는 '주택 다운사이징'을 해야 하는 사람이라면 동일한 자금으로 연금액을 더 확보할 수 있는 경매를 적극적으로 활용하는 것이 좋다.

먼저 주택연금제도에 대해 알아보고, 경매 낙찰 시 연금액이 얼마나 증가할 수 있는지 비교해 보자. 주택연금은 집을 소유하고 있지만 소득이 부족한 노후 세대가 평생 또는 일정 기간 동안 안정적인 수입을 얻을 수 있도록, 집을 담보로 맡기고 계속 거주하면서 매달 국가가 보증하는 연금을 받는 제도이다. 최근 주택연금 신청자가 꾸준히 증가하는 추세이다.

┃ 주택연금 연간 누적 가입자 수(출처 : 주택금융공사) ┃

- **주택연금이란?**

만 55세 이상의 대한민국 국민이 소유 주택을 담보로 맡기고 평생 혹은 일정한 기간 동안 매월 연금 방식으로 노후 생활자금을 받는 국가 보증의 금융 상품(역모기지론).

- **주택연금 지급**

주택금융공사는 연금 가입자를 위해 은행에 보증서를 발급하고, 은행은 공사의 보증서에 의거해 가입자에게 주택연금을 지급한다.

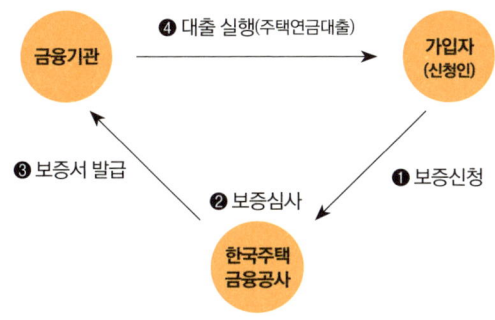

┃ 주택연금 이해도(출처 : 주택금융공사) ┃

■ 주택연금 신청 순서

❶ 보증 신청

신청인이 공사를 방문해 보증 상담을 받고 보증 신청을 한다.

❷ 보증 심사

공사는 신청인의 자격 요건과 담보 주택의 가격 평가 등에 대해 심도 있는 심사를 진행한다.

❸ 보증서 발급

공사는 보증약정 체결 및 저당권 설정 후 금융기관에 보증서를 발급한다.

❹ 대출 실행(주택연금 대출)

신청인이 금융기관을 방문해 대출거래약정을 체결한 후 금융기관에서 주택연금 대출을 실행한다.

■ 주택연금의 장점

❶ 평생 거주, 평생 지급

평생 동안 가입자와 배우자 모두에게 거주를 보장한다.
부부 중 한 명이 사망해도 연금 감액 없이 동일 금액으로 지급한다.

❷ 국가가 보증

국가가 연금 지급을 보증하므로 연금 지급이 중단될 위험이 없다.

❸ 상속

부부 모두 사망 후 주택을 처분해 연금 수령액이 집값을 초과해도 상속인에게 청구하지 않으며, 남은 금액이 있으면 상속인에게 돌려준다. 물론 받은 금액만큼 상속세를 내야 한다.

연금지급 총액 = 월 지급금 누계 + 수시 인출금 + 보증료(초기 보증료 및 연 보증료) + 대출이자

가입비(초기 보증료): 주택 가격의 1.5%를 최초 연금 지급일에 납부

연 보증료: 보증 잔액의 연 0.75%를 매월 납부

보증료와 대출이자는 취급 금융기관이 가입자 부담으로 공사에 납부하므로 연금지급 총액에 포함된다. 가입자가 직접 현금으로 납부할 필요가 없다.

■ **주택연금의 종류**

❶ 주택담보대출 상환용 주택연금

주택담보대출 상환을 위해 연금지급 한도의 90%까지 일시 인출 가능

❷ 일반 주택연금

주택담보대출이 없거나, 대출 금액이 연금지급 한도의 50% 이내인 경우

❸ 우대형 주택연금

1주택 보유, 주택 가격 1억 5,000만 원 미만

위의 3가지 중 기존 주택에 대출이 많다면 '주택담보대출 상환용 주택연금'을, 주택연금을 더 많이 받고 싶다면 '우대형 주택연금'을 신청하면 된다. 이 책에서는 가장 많이 신청하는 일반 주택연금을 기준으로 살펴보겠다.

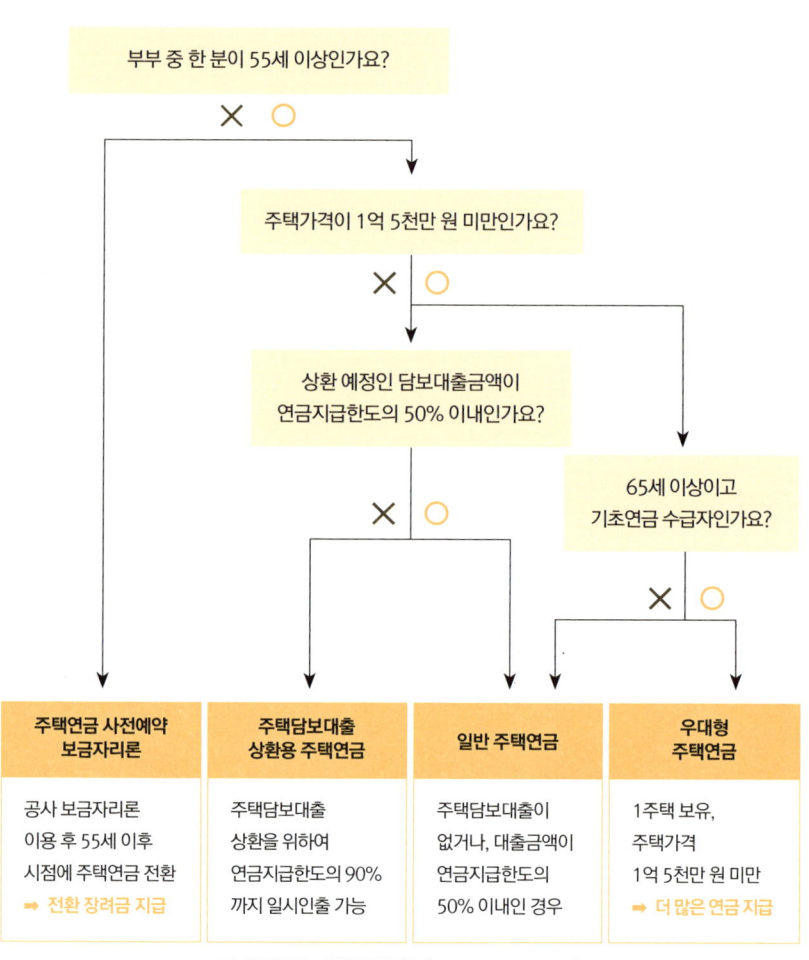

┃ 나에게 맞는 주택연금 찾기(출처 : 주택금융공사) ┃

　주택연금 신청은 9억 원 이하만 가능하다. 최근에 낙찰된 경매물건 중에는 감정가 9억 원대 아파트가 많지 않아, 앞서 소개한 아깝게 떨어졌던 구로구 천왕동 아파트로 비교해 보자. 이 아파트를 경매로 낙찰받았을 때와 매매로 취득한 경우, 두 가지로 나누어 비교해 보면 좋을 듯하다.

이 아파트의 한국감정원 시세는 하단이 6억 5,000만 원, 상단이 7억 1,000만 원이다. 보수적으로 계산하기 위해 6억 5,000만 원을 연금계산기에 넣어보았다. 종신 지급방식으로 선택하니 월 지급액은 135만 1,540원이 나왔다. 1년 총지급액은 1,621만 8,480원이다. 40년 이상 수령해야 가치보다 수령액이 더 많아진다.

수익률을 계산해 보면 경매 낙찰가 6억 500만 원을 기준으로 하면 2.68%, 매매가인 6억 2,000만 원을 기준으로 하면 2.61% 수준이다. 낙찰가율이 높아 차이가 크지는 않지만, 감정 시세와 낙찰가의 갭이 큰 아파트는 동일한 금액으로 더 많은 연금을 받을 수 있다.

주택연금은 신청 당시의 감정가를 기준으로 하기 때문에, 아파트 시세가 안 좋을 때 경매로 낙찰받은 후 시세가 좋을 때 주택연금을 신청하면 거주하면서도 수익률 2~3%의 수익형 부동산을 보유한 것과 같은 효과를 볼 수 있다. 2019~20년에 주택연금 해지율이 20%에 육박할 정도로 높았던 것도 이런 이유에서다. 보증금과 이자를 다소 손해 보더라도 3년 뒤 다시 주택연금을 신청하면 3년간의 가격 상승분만큼 기존보다 연금을 더 많이 수령할 수 있기 때문이다.

이처럼 주택연금도 '때'가 중요하다. 주택을 경매로 구입한 시점과 주택연금을 신청하는 시점, 이 두 시점을 잘 이용하면 적은 돈으로도 연금 수령액을 늘릴 수 있다.

소재지	서울 구로구 천왕동 273 천왕이펜하우스4단지 403동 14층 1403호 (08364)서울 구로구 천왕로 29					
경매구분	임의경매	채 권 자	애○○○○○○			
용 도	아파트	채무/소유자	장○○	매각기일	20.06.16 (605,108,000원)	
감정가	592,000,000 (19.10.02)	청 구 액	512,067,830	종국결과	20.11.12 배당종결	
최저가	473,600,000 (80%)	토지면적	75.5㎡ (22.8평)	경매개시일	19.09.26	
입찰보증금	47,360,000 (10%)	건물면적	85㎡ (25.7평) [34평형]	배당종기일	19.12.30	
조 회 수	·금일조회 1 (0) ·금회차공고후조회 180 (52) ·누적조회 681 (92)			()는 5분이상 열람 조회동계		

┃ 구로구 천왕동 아파트 경매물건 정보(출처: 지지옥션) ┃

매각과정

회차	매각기일	최저가		비율	상태	접수일~
①	2020.05.12 (10:00)	592,000,000		100%	유찰	230일
②	2020.06.16 (10:00)	↓20% 473,600,000		80%	매각	265일
		매수인 매각가 2위 3위	한○○ / 응찰 20명 605,108,000 (102.21%) 600,000,000 (101.35%) 584,000,000 (98.65%)			납부완료 (2020.07.31)
	2020.11.12				종결	414일

┃ 매각 과정 ┃

경매로 짜는 생애주기별 재테크 전략

주택소유자 생년월일	1960	1	1	만 60 세		
배우자 생년월일	● 있음 ○ 없음 1960	1	1	만 60 세		
주택구분	● 일반주택 ○ 노인복지주택 ○ 주거목적 오피스텔					
시세검색	시세검색 > 650,000,000 원 ※ 아파트의 경우 한국감정원 시세가 있는 경우 한국감정원 시세를 우선적용하며, 한국감정원 시세가 없는 경우 KB시세를 적용하며 최하층은 하한가(KB시세의 경우 하위평균가)를 나머지 층은 하한가와 상한가의 평균가(KB시세의 경우 일반평균가)를 적용. 단, 고객 희망시 고객비용부담조건으로 감정평가 신청 가능하며, 이 경우 시세와 감정 중 높은 금액을 적용					
지급방식	● 종신지급방식 ○ 종신혼합방식 ○ 확정기간방식 ○ 대출상환방식 ○ 우대지급방식 ○ 우대혼합방식 * 확정기간방식은 부부 중 연소자가 만 55~74세인 경우에만 선택가능					
월지급금 지급유형	● 정액형 ○ 전후후박형					
월지급금 지급기간	선택 ▼					
인출한도설정 금액	0 원					

조회하기

○ 조회결과 보기

연금지급방식	종신방식(정액형)
최대인출한도(50%)	132,275,000 원
월지급금	1,351,540 원
인출한도설정 금액	0 원 (0%)

▌주택연금 조회 결과(출처 : 주택금융공사)▐

인생의 겨울

04 은퇴자를 위한 연금 전략 II _ 농지연금

농지연금은 원래 농사짓는 사람들의 노후 생활을 위해 만든 제도지만, 최근에는 농사를 업으로 삼지 않던 사람들도 '부동산 연금'의 일환으로 받아들이기 시작했다. 인지도가 전보다 높아졌지만 아직도 농지연금에 대해 모르는 사람들이 많아 자세히 살펴보기로 한다. 토지야말로 낙찰가율이 30~50%로 시세 대비 싸게 살 수 있어, 자격만 잘 구비해서 준비하면 동일한 금액으로 주택연금보다 훨씬 더 많은 연금을 수령할 수 있다.

▪ 농지연금 제도란?

만 65세 이상 고령 농업인이 소유한 농지를 담보로 노후 생활 안정자금을 매월 연금 형식으로 지급받는 제도.

▪ 신청 자격

농지연금을 신청하려면 두 가지 자격이 충족되어야 한다. 영농 경력 5년 이상일 것과 만 65세 이상일 것, 즉 만 나이로 65세 이상이 되어야만 농지연금을 받을 수 있고, 그 시점까지의 영농 경력이 5년 이상이어야 한다. 따라서 농지연금을 목표로 한다면 늦어도 60세부터는 미리 준비를 해야 한다. 현재 65세라도 농지연금을 이제야 알았다면 앞으로 5년을 기다려야 한다.

‖ 농지은행 홈페이지 ‖

‖ 농지연금 소개(출처 : 농지은행 홈페이지) ‖

> ✓ **농지연금의 장점**
>
> 1. 부부·종신 지급
>   - 농지연금을 받던 농업인이 사망할 경우 배우자가 승계하면 배우자 사망시까지 계속해서 농지연금을 받을 수 있습니다.
>   (단 신청당시 배우자가 60세이상이고 연금승계를 선택한 경우에 한함)
> 2. 영농 또는 임대소득 가능
>   - 연금을 받으면서 담보농지를 직접 경작하거나 임대할 수 있어 연금이외의 추가소득을 얻을 수 있습니다.
> 3. 재정지원으로 안정성 확보
>   - 정부예산을 재원으로 하며 정부에서 직접 시행하기 때문에 안정적으로 연금을 지급받을 수 있습니다.
> 4. 연금채무 부족액 미청구
>   - 연금채무 상환시 담보 농지 처분으로 상환하고 남은 금액이 있으면 상속인에게 돌려주고, 부족하더라도 더이상 청구하지 않습니다.
> 5. 재산세 감면
>   - 6억원 이하 농지는 전액 감면되며, 6억원 초과 농지는 6억원까지 감면됩니다.

‖ 농지연금의 장점(출처 : 농지은행 홈페이지) ‖

❶ 농지연금 준비 1단계: 농업인 자격 확보

앞서 보았듯이 농지연금을 받으려면 영농 경력이 5년 이상이어야 하고, 영농 경력을 인정받기 위해서는 먼저 농업인임을 증명해야 한다. 농업인이란 말 그대로 농업을 직업으로 삼는 사람을 말한다. 농업이 직업이므로 그에 맞는 토지 규모, 농업일수, 농업 수입 등이 있어야 농업인으로 인정받을 수 있다.

농업인에게는 상대적으로 혜택이 많다 보니 한때는 동네 이장에게 부탁해 농사를 지었다는 확인서를 발급받기도 했다. 예전에는 실제로 농사를 짓다가 그만둔 사람이 경작 사실을 인정받을 길이 없어서 동네 이장의 확인서로 영농 경력을 인정해 주었던 것이다. 하지만 이 제도는 영농 경력이 없는 사람들이 농업인 자격을 인정받기 위한 편법으로 악용되기도 했다. 현재는 이런 편법을 차단하고자 농업인 입증 방법 등을 강화했는데, 다음 중 하나에 해당해야 한다.

- 연간 120만 원 이상의 농산물 판매
- 면적: 1000㎡ 이상의 농지에서 농작물 재배

  온실·재배사·비닐하우스 면적 330㎡에서 경작 & 재배
- 기간: 1년 중 90일 이상 농업에 종사
- 대(大) 가축 2두 이상 사육 (소, 말, 노새, 당나귀)

  중(中) 가축 10두 이상 사육 (돼지, 양, 염소, 개, 오소리, 사슴, 여우)

  소(小) 가축 100두 이상 사육 (토끼, 밍크, 뉴트리아 등)

  가금 1,000수 이상 사육 (닭, 오리, 칠면조, 거위 등)

  꿀벌 10군 이상 양봉

❷ 농지연금 준비 2단계: 토지 확보

경작을 위해 반드시 토지를 소유해야 하는 것은 아니다. 농지은행을 통해 토지를 빌려서 경작해도 영농 경력이 인정된다. 이렇게 하면 토지 구매비용을 먼저 집행하지 않아도 되니 좋다. 다만 농지연금을 받으려면 토지를 소유해야 하므로 농지연금 신청 시점에만 토지를 보유하고 있으면 된다.

토지를 보유해야 하는 시점까지는 시간이 넉넉한 편이므로, 너무 서두르지 말고 때에 맞춰 적합한 농지를 매입하는 것이 좋다. 직장 생활을 하면서 5년을 준비한다면 주거지에서 가까운 곳의 토지를 빌리는 것이 효율적이다. 농지연금 신청에 부합하는 토지의 조건을 살펴보자.

- 소유: 부부 공동명의 가능. 타인과 공동소유한 토지는 제외
- 지목: 농지에 해당하는 전, 답, 과수원
- 권리상 압류, 대출 등이 설정되어 있지 않을 것

농지연금도 실상은 대출과 같기 때문에 농지은행이 선순위가 되어야 한다. 따라서 먼저 설정된 권리가 있다면 말소 후 신청해야 한다. 선순위 채권 최고액이 담보농지 가격의 100분의 15 미만인 농지라면 가입 가능하다.

- 2년 이상 보유. 영농으로 실제 사용하는 토지여야 함

2018년 들어 경매로 농지를 낙찰받아 농지연금을 신청하는 건수가 급격히 증가함에 따라, 농업인에게 연금 혜택을 제공하려는 본래의 취지를 흐린다는 지적이 있어 신설된 조항이다. 경매로 농지를 낙찰받으면 낙찰 후 2년이 경과해야 농지연금 신청이 가능하다. 그러니 만 65세에 맞춰 농지연금을 신청할 계획이라면 적어도 만 63세 이전에는 토지를 확보해야 한다.

- 신청인의 주민등록상 주소지와 담보 농지까지의 직선거리가 30㎞ 이내일 것

이상 농지연금 신청이 가능한 토지의 기본 요건에 대해 살펴보았다. 세부 사항은 농지은행 홈페이지에서 확인하거나 이 책의 내용을 참고하기 바란다. 지금부터는 농지연금 신청 2년 전에 구입해야 할 농지 경매 물건을 살펴보자. 경매와 매매의 비교를 위해 낙찰된 물건을 사례로 설명한다.

아래 경매물건은 파주시 조리읍에 소재한 지목이 전(田)인 토지다. 감정가는 2억 9,393만 원으로 3.3㎡당 56만 원 정도로 감정평가되었다. 낙찰가는 1억 8,812만 원, 낙찰가율은 64%다.

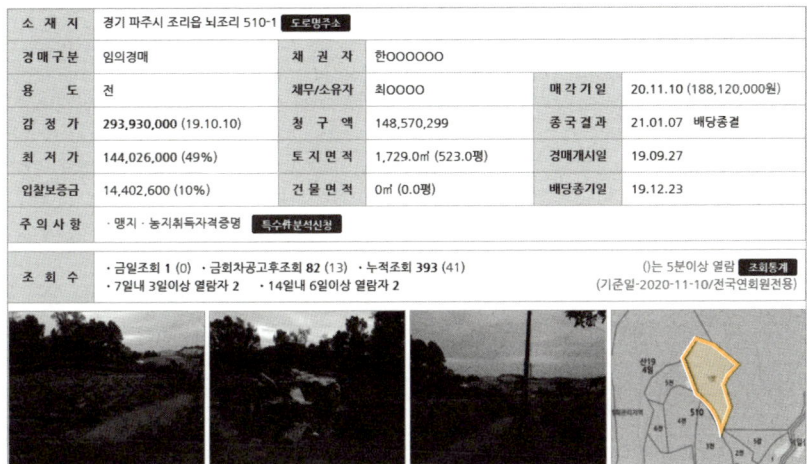

∥ 파주시 조리읍 토지 경매물건 정보(출처 : 지지옥션) ∥

회차	매각기일	최저가		비율	상태	접수일~
①	2020.07.21 (10:00)		293,930,000	100%	유찰	321일
②	2020.08.25	↓30%	205,751,000	70%	변경	356일
②	2020.10.06 (10:00)	-	205,751,000	70%	유찰	398일
③	2020.11.10 (10:00)	↓30%	144,026,000	49%	매각	433일
		매수인 주OO / 응찰 6명 매각가 188,120,000 (64.00%) 2위 168,500,000 (57.33%) 3위 162,310,000 (55.22%)				납부완료 (2020.12.01)

∥ 매각 과정 ∥

인생의 겨울

농지은행 사이트에 접속해서 '예상연금 조회' 메뉴를 클릭한다. 연금 계산기로 이 경매물건의 예상 연금액을 조회해 보자. 나이는 농지연금 신청이 가능한 최소한의 나이인 만 65세를 기준으로 삼았다. 실제로는 본인 혹은 부모님의 나이를 입력하면 된다. 농지평가 방식은 공시지가를 기준으로 하는 방식과 감정평가 금액을 기준으로 하는 방식 두 가지가 있다. 일반적으로는 감정평가 방식으로 계산했을 때의 연금액이 더 높은 편이다. 그러나 토지에 따라 공시지가가 매매가(감정가)에 비해 현저히 낮거나 높아서 결과가 뒤집힐 때도 있으니 두 가지 방식 모두 검토해 보아야 한다.

공시지가: 국토부 공시지가 평가액 | 100% 인정
감정가: 별도 감정평가업체를 통해 나온 평가액 | 90% 인정

▌농지연금 정보 입력창(출처 : 농지은행 홈페이지) ▌

먼저 공시지가 기준으로 예상 연금을 조회해 보자. 공시지가는 토지이용계획확인원을 통해 확인할 수 있다.

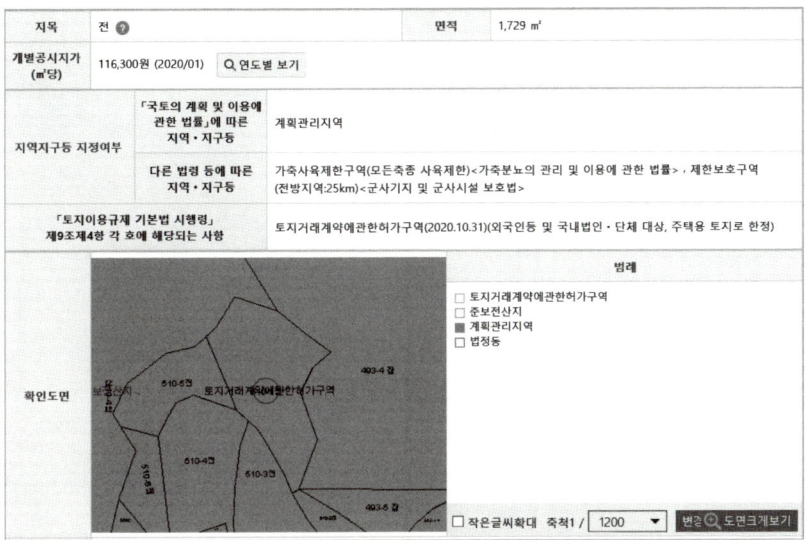

┃ 토지이용계획확인원을 통한 토지의 개별공시지가 확인 ┃

개별공시지가: 116,300원/㎡

토지 면적: 1,729㎡

토지 전체 공시지가: 116,300 × 1,729 = 201,082,700원

　예상연금 조회기에서 공시지가를 선택한 후 '농지가격'란에 위의 계산 금액인 2억 108만 2,700원을 입력한다. 공시지가는 100%를 인정받기 때문에 평가 금액에 기록한 액수 그대로 반영되었음을 알 수 있다. 마지막으로 '결과 확인' 버튼을 클릭한다.

❚ 100% 반영되는 개별공시지가 ❚

❚ 예상 농지연금 조회 결과 ❚

　공시지가를 기준으로 예상 연금을 조회하니 종신형(정액형)은 월 지급액이 77만 1,280원, 기간형은 최장인 15년을 기준으로 136만 6,900원임을 알 수 있다. 종신형과 기간형 중 무엇을 선택하는 것이 더 유리할까? 동일한 기간으로 금액을 비교해 보자.

종신형(정액형): 771,280원 × 12개월 × 15년 = 138,830,400원

기간형(15년): 1,366,900원 × 12개월 × 15년 = 246,042,000원

　　동일한 기간인 15년을 기준으로 비교했을 때는 기간형이 더 유리해 보인다. 그러나 종신형의 장점은 죽을 때까지 연금이 나온다는 것이다. 신청자가 사망하더라도 총지급액 중 연금 신청 시 적용된 토지의 가치를 초과한 부분에 대해 농지은행에서 유가족에게 반환을 요청하지 않는다. 따라서 연금 신청 시 나이 65세에 15년을 더해 80세 이상 연금을 수령할 수 있다고 예상된다면 종신형으로 신청하는 것이 유리하다. 연금 신청 시 선택한 유형은 도중에 변경할 수 없으므로 신중하게 선택해야 한다.

85세(연금 20년 수령): 총지급액 185,107,200원

90세(연금 25년 수령): 총지급액 231,384,000원

95세(연금 30년 수령): 총지급액 277,660,800원

100세(연금 35년 수령): 총지급액 323,937,600원

　　낙찰가가 1억 8,812만 원이므로 종신형은 20.3년을 수령해야 원금에 도달하고, 기간형은 11.5년 정도를 수령하면 원금에 도달한다. 공시가에서는 기간형이 좀 더 유리한 것으로 보인다.

　　이번에는 감정가를 기준으로 예상 연금을 조회해 보자. 경매물건은 경매를 위해 평가된 감정가액이 있어 편리하다. 물론 경매를 위한 감정평가와 대출을 위한 감정평가를 비교하면 후자가 더 보수적이므로, 실제 감

정평가를 하면 경매 감정가보다 낮을 가능성도 있다. 그러나 낙찰 후 2년 뒤에 연금 신청이 가능한 점을 감안하면, 2년 뒤 감정평가액이 현 시점보다 낮은 경우는 많지 않을 테니 현재 감정가를 기준으로 판단해도 무리는 없어 보인다.

예상연금 조회 페이지에서 감정가를 선택한 후 토지금액란에 경매 감정가인 2억 9,393만 원을 입력한다. 감정가는 90% 인정되므로 평가금액란에 자동으로 2억 6,453만 7,000원으로 표시된다.

예상 농지연금 정보 입력		ⓘ 도움말
생년월일 (소유자)* ⓘ	1955-12-31	생년월일 (배우자)
배우자 승계* ⓘ	●승계　○비승계	
농지평가* ⓘ	○공시가 (평가율 : 100%)　●감정가 (평가율 : 90%)	
농지가격*		293,930,000 원
평가금액		264,537,000 원
	✓ 결과확인	

‖ 90% 반영되는 감정가 ‖

예상 농지연금 조회 결과								ⓘ 도움말
구분	종신형 ⓘ			구분	기간형 ⓘ			
	정액형	전후후박형 (70%)	일시인출형 (30%)		기간형(정액형)		경영이양형	
월지급금	1,013,020	1,215,860(전) 851,100(후)	713,450 (일시인출금:69,000,000)	월지급금	5년	만78세 이상 가능	5년	3,000,000
					10년	만73세 이상 가능	10년	2,520,620
					15년	만68세 이상 가능	15년	1,795,330

‖ 예상 농지연금 조회 결과 ‖

'결과 확인' 버튼을 누르면 예상 연금액이 나온다. 월 지급액은 종신형(정액형)이 101만 3,020원, 기간형은 15년 기준으로 179만 5,330원이다. 앞서 살펴본 공시지가와 동일하게 비교해 보자.

종신형(정액형): 1,013,020원 × 12개월 × 15년 = 182,340,000원

기간형(15년): 1,795,330원 × 12개월 × 15년 = 323,159,400원

동일한 기간인 15년을 기준으로 비교할 경우 기간형이 훨씬 많다는 것을 알 수 있다. 종신형은 15년 이상을 지급받을 수 있으니 15년 이상일 때도 비교해 보자.

85세(연금 20년 수령): 총지급액 243,124,800원

90세(연금 25년 수령): 총지급액 303,906,000원

95세(연금 30년 수령): 총지급액 364,687,200원

100세(연금 35년 수령): 총지급액 425,468,400원

낙찰가가 1억 8,812만 원이므로 종신형은 15.4년 수령해야 원금에 도달하고, 기간형은 약 8.7년 수령하면 원금에 도달한다. 감정가에서도 기간형이 좀 더 유리한 것으로 보인다.

종신형으로만 평가 방식별 연금액과 수익률을 비교하면 다음과 같다.

공시지가 월 지급액 = 771,280원 | 연 수익률: 4.9%

감정가 월 지급액 = 1,013,020원 | 연 수익률: 6.4%

기간형으로만 평가 방식별 연금액과 수익률을 비교하면 다음과 같다.

공시지가 월 지급액 = 1,366,900원 | 연 수익률: 8.7%

감정가 월 지급액 = 1,795,330원 | 연 수익률: 11.4%

무작위로 선정한 낙찰물건을 가지고 가상으로 농지연금을 신청해 예상 연금을 검토해 보았다. 농지연금 월 지급 상한액이 300만 원이므로, 공시지가와 감정가 대비 낙찰가율이 크게 떨어지는 물건이라면 매매보다는 경매가 훨씬 적은 금액으로 생활비를 대체할 연금을 확보할 수 있다. 토지를 돌려받을 수 있는 것은 아니기에 자신이 목돈을 내고 매달 돈을 나눠 받는다고 생각할 수도 있다. 그러나 종신형을 선택하면 투자한 금액 대비 더 많은 연금을 수령할 수 있다는 점에서, 경매로 농지를 낙찰받아 연금을 구축하는 전략이 꽤 매력적인 것만은 틀림없다.

경매로 보는 세상 2

초고가 아파트까지 빨아들이는 '문전성수'

성수동의 '아크로 포레스트' 2021년 초 입주 시작
젊은 층까지 흡수하며 힙스터들의 성지로 우뚝

감정가 36억 원이 넘는 성동구 성수동의 갤러리아 포레 물건이 2020년 9월 14일 6번째 입찰에 부쳐졌다. 매매뿐만 아니라 경매 시장에서도 좀처럼 찾기 힘든 귀한 물건이지만, 선순위 전세권이 설정되어 있어 5차례 내리 유찰됐다. 이에 최저가는 3분의 1 수준인 12억 원까지 떨어졌던 상황. 전세권 설정 금액인 23억 원 정도가 빠진 9월 14일 6회차 입찰에서는 응찰자가 나와 13억 5,199만 원에 낙찰됐다.

건물과 사람이 모이는 성지

성수동에는 30억 원을 상회하는 초고가 아파트가 갤러리아 포레만 있는 게 아니다. 또 다른 초고가 아파트인 '아크로 포레스트'가 2021년 초 입주를 시작했다. 그 옆에는 다른 건설사가 짓는 초고가 아파트와 호텔이 융합된 테마 단지도 들어설 예정이다.
갤러리아 포레를 비롯해 초고가 아파트들이 성수동으로 몰린 가장 큰 요인은 서울숲이다. 뉴욕 센트럴

▮ 9월 14일 입찰이 진행된 성수동 갤러리아 포레 ▮

파크와 런던의 하이드파크를 벤치마킹하여 조성된 서울숲이 2005년 문을 연 이후 많은 연예인들도 성수동에 둥지를 틀기 시작했다.
'카페계의 애플'로 불리는 유명 커피전문점과 국내 최초의 주류 캐릭터숍이 처음 문을 연 곳도 성수동이다. 성수동에 사옥을 마련한 벤처와 중견기업들도 부지기수다.

'아파트 세대', 성수동에 꽂히다

그러나 다수의 벤처기업이 사옥이나 업무 장소로 성수동을 찾는 이유가 단지 서울숲 때문일까? 벤처기업들이 판교보다 성수동을 선호하는 현상에 대해 한 건축가는 성수동만의 독특한 공간감을 이유로 들었다. 서울숲과 함께 성수동을 상징하는 낡은 공장의 높은 층고와 넓은 공간이, 아파트라는 공간에서 태어나고 자란 젊은 세대에게 호감을 불러일으킨다는 것이 그의 설명이다. 그래서인지 실제로 성수동이 있는 성동구는 서울시내 25개 자치구 중 30대 이하의 아파트 매입 비중이 가장 높은 구로 알려져 있다.

에필로그

우리가 태어나서 기대수명 100세까지를 크게 4개 기간으로 나누어 각 기간에 맞는 경매 투자전략에 대해 살펴보았다. 물론 수많은 투자전략 모델의 하나이므로 개인 사정에 따라 적용 가능 여부는 많이 다를 것이다. 그러나 개인차를 떠나서 인생 전반에 대한 계획은 꼭 필요하다. 첫 책 『부자 근육을 키워라』에서도 밝혔듯이, 필자 역시 20대부터 60세까지의 라이프 플랜을 수립한 뒤 1년마다 전략을 수정하면서 목표를 이루어 가고 있다. 계획을 세웠다고 해서 100% 이룰 수 있는 것은 아니지만, 최대한 목표에 근접하려고 노력하다 보니 실제로 많은 것을 이루었다.

그럼에도 인생의 전환점마다 전략을 제시해 주는 조언자가 있었더라면 지금과는 좀 더 다른 인생을 살고 있지 않을까 하는 아쉬움이 남는다. 이 책은 인생 전반에 걸친 전략을 미리 수립한 사람도, 그렇지 않은 사람도 각 단계에서 점검해야 할 부동산 재테크의 핵심 어젠다를 총체적으로 살펴볼 수 있다는 점에서 의미가 있다. 생애주기별 경매 전략은 계속 진화 중이며, 시간이 지날수록 데이터가 축적되면서 전략이 더욱 탄탄해질 것으로 전망된다.

평소 써보고 싶었던 주제를 흔쾌히 받아들여준 지지옥션에 감사의 마음을 전한다. 2009년에 처음 발을 디딘 초보 경매투자자였던 필자에게 지지옥션은 경매계에서 탄탄하게 입지를 다지게 해준 멋진 동반자였다.

높게만 보이던 곳에서 강연을 하고, 이렇게 책까지 출판하게 될 줄 2009년에는 전혀 예상하지 못했다.

이처럼 인생은 우리를 어디로 데려갈지 알 수 없기에 더욱 매력적인 것 같다. 이 책 한 권이 누군가의 인생에 선한 영향력을 끼치기를 간절히 바라는 마음으로 이만 갈무리하고자 한다.

평범한 사람을 부자로 키우는 부동산 트레이너
백승혜

경매로 짜는 **생애주기별 재테크 전략**

1판 1쇄 발행 2021년 3월 10일

글 백승혜
편집 강은
발행 지지옥션
발행인 강명주

디자인 All design group
인쇄 올인피앤비

전화 02-711-9114
등록일자 2010년 4월 16일 제2008-000021호
주소 서울 용산구 청파로 49길3, 지지옥션빌딩 7층

ISBN 979-11-959514-4-4 13320
가격 16,700원

ⓒ 지지옥션 2021, Printed in Korea.

※ 이 책은 저작권법에 따라 보호받는 저작물이므로 무단전재와 무단복제를 금지하며,
  이 책 내용의 전부 또는 일부를 이용하려면 반드시 지지옥션의 서면 동의를 받아야 합니다.

※ 파본이나 잘못된 책은 구입처에서 교환해 드립니다.